सौन्दर्य : विमर्श और सार

सौन्दर्य

विमर्श और सार

क्रोचे का कलासौन्दर्य-दर्शन

बेनेदेत्तो क्रोचे

अनुवाद

कृष्णलाल शर्मा

वाणी प्रकाशन

वाणी प्रकाशन
4695, 21-ए, दरियागंज, नयी दिल्ली 110 002
शाखा
अशोक राजपथ, पटना 800 004
फ़ोन: +91 11 23273167 फ़ैक्स: +91 11 23275710
www.vaniprakashan.in
vaniprakashan@gmail.com

SAUNDARYA : VIMARSH AUR SAR
(Originally published as *Essence of Aesthetics* in 1922, London, United Kingdom)
by Benedetto Croce
Translated by KrishnaLal Sharma

ISBN : 978-93-5072-222-0
Criticism

प्रथम संस्करण 2014

मूल्य : ₹ 200

हर्ष प्रिंटर्स, दिल्ली-110 093 में मुद्रित

वाणी प्रकाशन का लोगो मक़बूल फ़िदा हुसेन की कूची से

अनुक्रम

मुखबन्ध

'सौन्दर्यशास्त्र का सार'

(दि एसेन्स ऑफ़ एस्थेटिक्स)

मुखबन्ध

1. क्रोचे का कलासौन्दर्य-विमर्श

गत शताब्दी के सौन्दर्य-विवेचन में जितनी अधिक चर्चाएँ क्रोचे के 'सौन्दर्यशास्त्र' पर हुई शायद ही किसी अन्य ग्रंथ पर हुई हों। विद्वानों में कुछ उसका गंडन कर उसे सिर-आँखों पर बैठानेवाले भी हुए तो कुछ उसके विचारों में काव्य का अहित देख कर उसका तीव्र विरोध करनेवाले भी हुए ।* सौन्दर्यशास्त्र या कलाशास्त्र के अनेक प्रश्नों से जूझने वाले विचारकों को किसी न किसी रूप में क्रोचे से टकराना ही पड़ा है और उस समय उन्हें उन अंशों ने अधिक उलझाया है जहाँ वह अपनी ही स्थापना का खंडन करता प्रतीत होता है। इसके दो कारण रहे हैं। पहला, अपने मत के समर्थन में उसने कुछ कलाकारों को उद्धृत किया है और हम जानते हैं कि सभी कलाकार एक ही मत के कभी नहीं रहे। दूसरा, कुछ शब्दों के प्रयोग में वह उतना सावधान नहीं रहा जितना एक विचारक को रहना चाहिए। इस दूसरे कारण के पीछे उसकी विवशता यह थी कि वह अपने प्रबंध में एक साथ दो भूमिकाएँ निभा रहा था। लिखते-लिखते कभी वह ज्ञानमीमांसक बन जाता है तो कभी सौन्दर्यशास्त्री एवं कलाशास्त्री। अकेले सौंदर्य या कला पर भी विचार करते समय कभी वह एक दृष्टिकोण अपनाता है तो कभी दूसरा और ऐसा करते समय उसे भान ही नहीं रहता कि जहाँ खड़े हो कर वह समस्या पर विचार कर रहा है उसकी सीमाएँ क्या हैं। वस्तुतः विभिन्न व्यवस्थाओं में तालमेल बैठाने के प्रयास में (कलामीमांसा को ज्ञानमीमांसा का एक घटक बना देना उसी का परिणाम है) वह कुछ नये प्रश्नों को जन्म दे बैठा (ई.एफ. कैरिट ने उनकी ओर विद्वानों का ध्यान खींचता है)। इसीलिए डा. पाटणकर की यह टिप्पणी ठीक ही है कि क्रोचे को पढ़ते समय यह निश्चित करना कठिन हो जाता है कि हम उसे कितना समझे हैं।[1] इसे

---

* ऐसे विद्वानों की सूची में आचार्य रामचन्द्र शुक्ल का नाम सादर रखा जा सकता है। अपने बड़े निबंध 'काव्य में अभिव्यंजनावाद' में उन्होंने उसके कुछ विचारों का बड़े सशक्त तर्क देकर खंडन किया है।

स्पष्ट करने के लिए उन्होंने 'अभिव्यक्ति' (एक्सप्रेशन)[2] शब्द को लिया है। उसके शास्त्र का यह अत्यंत महत्त्वपूर्ण पारिभाषिक शब्द है, इतना महत्त्वपूर्ण कि बहुधा उसे 'अभिव्यक्तिवादी सिद्धान्त' के नाम से भी जाना जाता है। किन्तु, इसे उसने तीन अर्थों में प्रयुक्त किया है, वह भी बिना इसका कोई संकेत दिये।

1.1 अभिव्यक्ति के तीन अर्थ

(i) अभिव्यक्ति का सामान्य प्रयोग इस अर्थ में होता है कि मन में जो भी विचार या भाव है उसे इस तरह प्रकट करना कि दूसरों को भी उसका बोध हो जाय। यह बाह्यीकरण अभिव्यक्ति है। क्रोचे ने इसे स्वीकार किया है।[3] 'अन्तर्बोध[4] और अभिव्यक्ति' शीर्षक अध्याय में उसने यही दर्शाने का प्रयास किया है कि अन्तर्बोधी क्रिया उसी सीमा तक अन्तर्बोध कहलाएगी जिस सीमा तक [सम्वेदनों को] अभिव्यक्ति देगी। अभिव्यक्ति अंतर्बोध से विच्छिन्न हो ही नहीं सकती। दूसरी बात यह कि लोग अभिव्यक्ति को सामान्यतः उसके शाब्दी रूप में ही ग्रहण करते हैं जब कि उसके अन्य माध्यम भी होते हैं, उतने ही सशक्त, उतने ही प्रभावशाली, जैसे—स्वर, रंग-रेखा आदि।

(ii) दूसरा अर्थ प्रयोजन-सिद्धि है। किले, राजमहल, चर्च, तलवार आदि वस्तुओं (अर्थात् जो भी मानव निर्मित वस्तु सुन्दरता की सीमा में आती है) को वह इसलिए सुन्दर नहीं मानता है कि उनमें सजावट का काम रहता है वरन् इसलिए कि वे अपने प्रयोजन को अभिव्यक्त करने में समर्थ हैं। डा. पाटणकर ने इसे परायत्त (डिपेंडेंट) सौन्दर्य कहा है क्योंकि यह प्रयोजन पर निर्भर करता है, अन्याश्रित है। इस सम्बन्ध में वह लिखता है कि किसी भी उपयोगी वस्तु को कलात्मक अन्तर्बोध का विषय बनाने के लिए और किसी सजावट की आवश्यकता नहीं होगी यदि वह अपने प्रयोजन को सिद्ध करने में सक्षम है।[5] यहाँ जो बात कही नहीं गयी है किन्तु जिसे नकारा भी नहीं जा सकता वह है कि वस्तु का रूप ऐसी विशेषता लिये हुए होना चाहिए कि गोचर होते ही अपनी प्रयोजन सिद्धि का परिचय दे दे तभी वह कलात्मक अन्तर्बोध का विषय बनेगी।

महत्त्व की एक और बात यह है कि कलात्मक क्रिया तथा व्यावहारिक क्रिया में सहयोग हो सकता है क्योंकि अभिव्यक्ति सदैव सत्य की होती है। अर्थात् सम्वेदनों के माध्यम से, उन्हें उपादान बना कर, उनमें एकता स्थापित कर एवं निश्चित रूप (फॉर्म) देकर अन्तर्बोध वस्तु को उसके मूल रूप में ग्रहण करता है।[6] दूसरे शब्दों में, यह रूप ही है जो अभिव्यक्त

करता है। किन्तु, वस्तु मूलतः क्या है? उसका सत्य क्या है? हमें यहाँ आचार्य शुक्ल का वह वाक्य स्मरण हो आता है जो उन्होंने अनुपपन्न अर्थ देनेवाली उक्ति को ही काव्य मानते हुए लिखा है कि यदि यह मान लिया जाय तो व्यंग्यार्थ अर्थात् उपपन्न अर्थ को क्या कहेंगे? फिर, स्वयं ही इसका उत्तर दिया, "वह वाक्य को धारण करने वाला सत्य है जिसकी देख-रेख में काव्य मनमानी क्रीड़ा कर सकता है।"[7] इस उत्तर का एक अर्थ यह भी निकलता है कि उक्त सत्य की सर्वाधिक पूर्ण अभिव्यक्ति उस अनुपपन्न उक्ति में ही सम्भव थी इसलिए कवि ने उसे ही निश्चित किया, चयनित किया। हम आगे देखेंगे कि क्रोचे की भी यही दृष्टि थी। वह अन्तर्बोध्य ज्ञान को विशेष (पर्टिकुलर, इंडिविजुअल) का ज्ञान कहता है जिससे यह संकेत मिलता है कि प्रत्येक अभिव्यक्ति अपने आप में एकल होती है। अर्थात्, उसमें जो कुछ व्यक्त हो रहा है वह सर्वाधिक स्पष्टता से उसी रूप में अभिव्यक्त हो सकता है। प्रस्तुत सन्दर्भ में इसका अर्थ यह होगा कि जिस प्रयोजन से कलाकार रचना कर रहा है उसे व्यक्त करनेवाला एक ही रूप हो सकता है, यदि वह सफलतापूर्वक अभिव्यक्त हो गया तो कृति सुन्दर है अन्यथा नहीं।

(iii) अभिव्यक्ति का तीसरा अर्थ ज्ञानमीमांसीय है जिसके स्पष्टीकरण के लिए उसकी ज्ञानमीमांसा के स्वरूप पर संक्षेप में विचार कर लेना उचित होगा। साथ ही, इतना और जान लेना आवश्यक है कि इस दिशा में उसकी अवधारणाएँ पहले के चिन्तकों के विचारों के विरोध और समर्थन का रूप लेकर विकसित हुई हैं। इसलिए कहा जा सकता है कि कांट, हीगेल और शोपेनहावर के परिप्रेक्ष्य में ही क्रोचे को ठीक से समझा जा सकता है, किन्तु विस्तार भय से हम स्वयं को उसी तक सीमित रख रहे हैं।

चेतना (स्पिरिट) के नित्य रूपः क्रोचे हीगेल की चेतना की अवधारणा से सहमत है, उसका विरोध है तो उसके विभिन्न रूपों को ले कर। हीगेल ने चेतना के सभी रूपों में त्रैत-भाव का सम्बन्ध देखा है, अर्थात्, स्थापना (थीसिस), प्रतिस्थापना (ऐंटीथीसिस) और संश्लेषण (सिंथेसिस)। इसे 'दो विरोधियों (टू ऑपोजिट्स) की उपपत्ति' भी कहा जाता है क्योंकि इसमें दो विरोधी घटकों का तीसरे बड़े घटक में समाहार हो जाने के बाद विरोध का समाधान हो जाता है। जैसे, अस्तित्व (बींग) और अनस्तित्व (नॉट-बींग) का समाधान सतत परिवर्ती (बिकमिंग) में हो जाता है। इस उपपत्ति का अनुसरण करते हुए हीगेल ने कला को स्थापना, धर्म को प्रतिस्थापना और दर्शन को संश्लेषण माना है। उसकी दृष्टि में दर्शन वह व्यापक घटक है जो कला और धर्म को अपने भीतर समाहित कर उनके विरोध का समाधान कर लेता

है। उसके चिंतन की दूसरी आधारभूत स्थापना है कि यथार्थ (रियल) ऐक्यरूप (यूनिटी) है और वह अमूर्त नहीं मूर्त (कंक्रीट) है, ऐसी एकता जो अपने भीतर अनेकता के समेटे हुए है। चेतना की यह प्रकृति है कि वह एक होते हुए भी स्वयं को नाना रूपों में व्यक्त करती है।

क्रोचे की हीगेल से वैचारिक साम्य की यह सीमा है। इसके बाद ज्ञान प्राप्ति के क्रम को वह नयी दिशा देता है। सबसे पहले वह चेतना के चार नित्य रूपों की व्यवस्था देता है। चारों को पहले वह दो वर्गों—ज्ञानात्मक तथा व्यावहारिक—में रखता है, फिर दोनों के दो-दो भेद करता है। ज्ञानात्मक के अन्तर्गत क्रम-भेद से उसने अन्तर्बोध तथा अवधारणा को रखा और व्यावहारिक के अन्तर्गत उसी क्रम-भेद का अनुसरण करते हुए लाभ-नीति (इकनॉमिक्स) एवं आचार-नीति (मॉरैलिटी) को। चेतना का यह रूप उसकी ज्ञानमीमांसा की मूलभूत स्थापना है। इसलिए, क्रम-भेद की कुछ व्याख्या यहाँ आवश्यक है।

क्रोचे चैतन्यवाद (आइडियेलिज्म) का समर्थक था। इस विचारधारा के अनुसार वास्तविकता या सत्ता केवल मनस्तत्त्व (मांइड) तथा उसके व्यापारों की है, इसलिए, उसने केवल इन्हीं के विश्लेषण पर ध्यान केन्द्रित किया। विश्व के मूल रूप को उसने चेतना कहा जिसके उपर्युक्त चार, केवल चार, पक्ष हैं। यह विभाजन उसने मानव जीवन के विभिन्न पक्षों को ध्यान में रख कर किया। कला-रचना मनुष्य की अत्यन्त महत्त्वपूर्ण गतिविधियों में से एक है। 'सौन्दर्यशास्त्र' शीर्षक से लिखा गया प्रबन्ध उसी के विश्लेषण को समर्पित है किन्तु इसकी ठीक व्याख्या ज्ञानमीमांसा के परिप्रेक्ष्य में ही सम्भव थी इसलिए उसे इस क्षेत्र में भी प्रवेश करना पड़ा। इस विषय को उसने चार चरणों में विभक्त करके परखा है।

ज्ञान का प्रथम चरण है अन्तर्बोध, कला का मूल भी यही है। अन्तर्बोध सदैव 'विशेष' का होता है, इस आधार पर यह कहना भी उतना ही सत्य है कि कला विशेषों का ज्ञान है और इसका मूल है सौन्दर्य। यहाँ, एक तथ्य सदैव ध्यान में रखने योग्य है कि इस चरण में मनुष्य की कल्पना शक्ति सक्रिय रहती है, बुद्धि का इसमें वह कोई योग नहीं स्वीकार करता। अतः यह ज्ञान बिम्ब स्वरूप होता है।

दूसरे चरण में बुद्धि सक्रिय हो उठती है। बुद्धि का कार्य है विशेषों के परस्पर सम्बन्धों पर विचार कर सामान्यों (यूनिवर्सल्ज़) का निर्धारण। ये सामान्य ही अवधारणाएँ हैं। इस प्रक्रिया में अनेक विशेषों पर विचार करने के बाद यदि उनमें कोई एक साधारण-धर्म दिखायी देता है तो वही उनका सामान्य, या, उनकी अवधारणा बन जाता है। जैसे, नदी, तालाब या कुएँ के जल में जलत्व उसका सामान्य है। यह तर्काश्रित ज्ञान है, इसका मूल्य है सत्य। अब, इन दोनों चरणों पर विचार करें तो अंतर्बोध और अवधारणा का रूप-भेद इनके क्रम के औचित्य को स्पष्ट

कर देता है। बिना विशेषों के ज्ञान के अवधारणा का जन्म नहीं हो सकता। सामान्य/अवधारणा का रूप अन्तर्बोध (यदि चाहें तो यहाँ 'कला' शब्द का प्रयोग भी किया जा सकता है क्योंकि क्रोचे ने दोनों में कोई तात्त्विक अन्तर नहीं माना है) द्वारा गृहीत विशेषों पर निर्भर करता है। उनके बिना उसका कोई अस्तित्व नहीं है, किन्तु विशेष का अस्तित्व बिना सामान्य के भी बना रहता है। यही है 'दो वैशिष्ट्यों की उपपत्ति' (थियेरी ऑफ़ डिस्टिंक्ट्स) जिसे उसने हीगेल की 'दो विरोधियों की उपपत्ति' को चुनौती देते हुए उसके समकक्ष स्थापित किया। इसके अनुसार चेतना का प्रथम मूल नित्य रूप अन्तर्बोध है। वह अपने संवर्धित दूसरे रूप अवधारणा के साथ घुल-मिल जाता है। घुलने-मिलने का अर्थ है कि चेतना के द्वितीय रूप में उसका अन्तर्भाव हो जाता है फिर भी वह उसमें जीवित रहता है, उसका नाश नहीं हो जाता। इस तरह दो घटकों में विरोध न होने से सहज ही परस्पर सम्बन्ध स्थापित हो जाता है।[8] ध्यान रहे दो विरोधियों के बीच ऐसा सम्बन्ध स्थापित नहीं हो पाता।

क्रोचे ने ज्ञानात्मक चेतना के ये दो ही रूप माने हैं। इसके पश्चात् वह चेतना की व्यावहारिक-क्रिया पर विचार करता है। यह उसके अनुसार संकल्परूप (विल) है। यहाँ, आगे बढ़ने से पहले उसका स्पष्टीकरण है कि 'संकल्प' को वह उन चैतन्यवादियों (मुख्यतः शोपेनहावर) के अर्थ में नहीं ले रहा है जो इसे विश्व की मूल सत्ता मानते हैं।[9] इस शब्द के द्वारा वह चेतना के उस पक्ष को रेखांकित करना चाहता है जो ज्ञानात्मक, अर्थात् चिन्तन पक्ष से भिन्न है। इस रूप में वह ज्ञान नहीं क्रिया को जन्म देती है। इस सम्बन्ध में दो और बातें ध्येय हैं। पहली, यह स्वैच्छिक होनी चाहिए; दूसरी, यह प्रवृत्त्यात्मक एवं निवृत्त्यात्मक दोनों प्रकार की हो सकती है। जैसे, किसी कार्य को करने का यदि हम संकल्प ले सकते हैं तो न करने का भी ले सकते हैं। इसके अतिरिक्त ज्ञानात्मक तथा व्यावहारिक चेतना का एक और भेदक (डिफ़रेंशिया) भी महत्त्वपूर्ण है। पहली के द्वारा वस्तुओं को समझा जाता है, दूसरी के द्वारा उनमें परिवर्तन लाया जाता है।[10]

इस भूमिका के साथ वह संकल्परूप चेतना के अन्य वैशिष्ट्यों का उल्लेख करता है। इसकी पहली [स्वैच्छिक] क्रिया लाभकारी (इकनॉमिक) होती है। इसका प्रयोजन किसी लाभ को सिद्ध करना होता है, उपयोगिता इसका मूल्य है। इसे उपयोगितावादी दृष्टि भी कहा जा सकता है और इसकी सीमा है व्यक्ति। व्यक्ति स्वयं तक सीमित रहते हुए यह देखता है कि अमुक क्रिया से मुझे लाभ होगा या हानि? लाभ होगा तो कितना? व्यावहारिक क्रिया का यह सोपान संकुचित अवश्य है किन्तु अनिवार्य है। बिना लक्ष्य स्थिर किये कोई भी स्वैच्छिक क्रिया असम्भव है।

लक्ष्य स्थिर हो जाने पर द्वितीय सोपान में नैतिकता का प्रवेश हो जाता है। परिणामस्वरूप, व्यक्ति की सीमा का अतिक्रमण करते हुए व्यापक सन्दर्भ में इस

दृष्टि से भी विचार किया जाने लगता है कि निर्धारित लक्ष्य क्या वृहत्तर समाज के लिए भी उपयोगी है। कहीं ऐसा तो नहीं है कि संकल्पक का तो निजी लाभ हो रहा हो किन्तु अन्य अनेकों को हानि पहुँच रही ही। यह नैतिकतावादी दृष्टि है और इसका मूल्य है शिवम्। इस तरह, यह साफ़ देखा जा सकता है कि चेतना के व्यावहारिक रूप भिन्न विशिष्टता सम्पन्न होते हुए भी एक दूसरे के विरोधी नहीं हैं क्योंकि पहले का अन्तर्भाव दूसरे में हो जाता है, यही क्रम-भेद का आधार भी है। अन्त में, इसके प्रकाश में ज्ञानात्मक एवं व्यावहारिक क्रिया के क्रम-भेद को भी समझा जा सकता है। क्रिया का आधार ज्ञान है, क्रिया (यहाँ क्रिया का परिभाषागत अर्थ ही लिया जा रहा है) का अस्तित्व बिना ज्ञान के सम्भव नहीं है। उधर, ज्ञान स्वतन्त्र रूप से भी अस्तित्व में बना रह सकता है।

हमारा विचारणीय विषय क्रोचे का कलाशास्त्र है। उसने कला का सम्बन्ध प्रथम नित्य रूप, अन्तर्बोध, से जोड़ा है, या, यह कहना भी अनुचित न होगा कि अन्तर्बोध को ही वह कला भी मानता था। इन दोनों के एकरूप होने को वह कैसे सिद्ध करता है इस पर आगे विचार करेंगे, यहाँ, इसी की पृष्ठभूमिस्वरूप चेतना के चारों पक्षों का विवेचन आवश्यक था। अब, इससे निकलनेवाले एक अत्यन्त महत्त्वपूर्ण निष्कर्ष को भी समझ लेना चाहिए। मनुष्य का समस्त जीवन चेतना के इन चारों नित्य रूपों में समाया हुआ है, और इसका प्रथम रूप यदि अन्तर्बोध है तो 'वैशिष्ट्यों की उपपत्ति' के आधार पर निष्कर्ष निकलता है कि यह शेष तीनों रूपों में समाया हुआ है (और यदि उसका नाश नहीं हुआ है तो उसकी कोई न कोई भूमिका भी होगी)। उधर, अन्तर्बोध और कला में यदि कोई तात्त्विक अन्तर नहीं है तो इसका अर्थ हुआ कि कला चेतना के सभी रूपों में अनिवार्यतः समाहित होने के कारण मानव जीवन का आधार है। कला को इतना महत्त्व देने के लिए हमें क्रोचे का आभारी होना चाहिए। उसके अन्तर्बोध की व्याख्या हम इसी दृष्टि से कर रहे हैं, हमारा प्रयास होगा कि उसकी बात यथासम्भव उसी के शब्दों में कही जाय।

1.2 अन्तर्बोध और अभिव्यक्ति

क्रोचे की अभिगृहीत धारणा (फंडामेंटल एसंप्शन) है कि 'अन्तर्बोध ही अभिव्यक्ति है और वह एक निश्चित रूप है।' अब उसके सामने दो प्रश्न थे– (i) अंतर्बोध एवं अभिव्यक्ति का तादात्म्य सिद्ध कैसे किया जाय? और (ii) अन्तर्बोध या अभिव्यक्ति का उपादान (कच्चा माल) क्या है जिसे रूप प्राप्त होता है?

अन्तर्बोध को सरलतम शब्दों में व्याख्यायित करते हुए उसने लिखा है–"अन्तर्बोध में बाह्य यथार्थ का इंद्रियबोध (पर्सेप्शन) और सम्भाव्य के [कल्पनाजन्य] बिम्ब घुल-मिलकर एक हो जाते हैं।"[11] इस परिभाषा के अनुसार अन्तर्बोध के दो घटक

हैं—इंद्रियबोध और काल्पनिक बिम्ब। इसमें इतना और जोड़ लेना चाहिए कि इस स्थिति में इंद्रियबोध भी बिम्बस्वरूप ही होता है तभी काल्पनिक बिम्बों के साथ उसकी एकता स्थापित हो सकती है। उदाहरणार्थ, उस कमरे का बोध जिसमें बैठ कर लेखक लिख रहा है, या, कागज़-कलम जो उसके सामने हैं, इन सब के बिम्ब उसके बोध का विषय बनते हैं। वर्तमान यथार्थ के ये बिम्ब यद्यपि अकेले भी अन्तर्बोध बनते हैं किन्तु आवश्यकता होने पर उन बिम्बों के साथ भी इनका योग हो सकता है जो गत समय के हैं अथवा भविष्य में सम्भाव्य हैं। जैसे, लेखक कल्पना कर सकता है कि वह किसी दूसरे कमरे में, दूसरे शहर में, अलग ढंग के कागज़-कलम का प्रयोग कर रहा है। ये उसकी स्मृतियाँ भी हो सकती हैं और भावी योजना भी। दोनों ही स्थितियों में इनका रूप बिम्बमय होगा तभी ये वर्तमान के साथ एकरूप हो सकते हैं अन्यथा नहीं।

एकरूपता के सन्दर्भ में उसका स्पष्टीकरण एक और महत्त्वपूर्ण स्थापना है। कुछ चिंतकों की मान्यता थी कि सम्वेदनों को देश-काल के वर्गों में विभाजित करना ही अन्तर्बोध है। इसके विरोध में क्रोचे की स्थापना है कि अन्तर्बोध में कोई भी वस्तु देश-काल का यथार्थ लिए हुए नहीं होती क्योंकि शुद्ध अन्तर्बोध में यथार्थ और अयथार्थ (कल्पित) जैसा कोई भेद नहीं होता। उसमें या तो सब कुछ सत्य होता है या मिथ्या। इसका कारण यह है कि इस स्थिति में हम प्रमेय को अपने से बाहर समझ कर अनुभावी प्रमाता बन कर उसके सामने नहीं खड़े होते वरन् अपने ही ऐंद्रिय सम्वेदनों को प्रमेय, बोध का विषय, बना लेते हैं और ऐसी स्थिति में प्रमाता और प्रमेय का द्वैत-भाव लुप्त हो जाता है। द्वैत-भाव के लुप्त होने से अन्तर्बोध देश-काल की अवधारणा से मुक्त होता है। आकाश का रंग, किसी अनुभूति का रंग वेदना की चीत्कार और कोई संकल्प लेने का प्रयास इन सब का जब अन्तर्बोध होता है तो इस रूप में नहीं कि शाम हो गयी है, डूबते हुए सूरज के कारण आकाश लाल हो गया है, या, रास्ते में नुकीला पत्थर चुभने की पीड़ा से हम चिल्ला पड़े हैं। इनका बोध देश-काल के सम्बन्धों से परे केवल बिम्बों के रूप में होता है। किसी भी बौद्धिक लेश से युक्त न होना ही इन बिम्बों की एकरूपता का आधार है और इसीलिए इनसे प्राप्त बोध अनुभवपूर्व-बोध कहलाता है।

अन्तर्बोध जिन आवेगों और ऐंद्रिय सम्वेदनों को प्रमेय बनाता है वे एक प्रकार से रूपरहित पदार्थ हैं, उपादान हैं, जिन्हें चेतना उसी रूप में बोध का विषय नहीं बना पाती। विषय बनाना (ऑब्जेक्टिफाइ) अर्थात् वश में करना और उन्हें उसी रूप में वश में नहीं किया जा सकता। जब तक हम आवेगों और सम्वेदनों को भोग रहे होते हैं तब तक देखा जाय तो हम उनके वश में होते हैं, उन्हें भोगना हमारी विवशता होती है। विवशता इसलिए क्योंकि बना भोग के कोई क्रिया या ज्ञान सम्भव नहीं

है। उत्पाद के लिए उपादन तो चाहिए ही। अन्तर्बोध चेतना का, उसकी क्रिया का, उत्पाद है, आवेग एवं सम्वेदन उसका उपादान हैं। भोग के स्तर पर स्थिति कुछ ऐसी होती है कि सामने से किसी चीज़ के गुज़रने का हमें आभास तो होता है पर उसका रूप स्पष्ट न होने के कारण, उसकी विशेषता को न पकड़ पाने के कारण, हम उसे समझ नहीं पाते (समझ पाना अर्थात् उसका बोध होना)। चिन्तन की भाषा में उपादान (जड़ पदार्थ) को वश में करने का अर्थ है उसे नाम-रूप देना, यही अन्तर्बोध है। भोग और अन्तर्बोध ये दो भिन्न क्रियाएँ अवश्य हैं किन्तु परस्पर विरोधी नहीं हैं, केवल सन्दर्भ--बाह्य अथवा आभ्यंतर--बदल जाने से भिन्न कहलाती हैं। इसे उपादान और रूप का अन्तर भी कहा जा सकता है।[12] उपादान भिन्न होने से रूप भी भिन्न जान पड़ता है। वस्तुतः दो अन्तर्बोधों में भिन्नता का कारण उनके उपादान का भिन्न होना है, यही उन्हें विशेषता भी प्रदान करता है। इसीलिए कहा गया है कि प्रत्येक अन्तर्बोध अपने में अनोखा होता है, निराला होता है, अनन्य होता है।

1.3 अन्तर्बोध ही अभिव्यक्ति है

भोग निष्क्रिय यांत्रिक क्रिया है, प्राकृतिक तथ्य है और सक्रिय चेतना की तुलना में निम्न स्तर पर है। चेतना द्वारा उन्हें प्रमेय बनाने का अर्थ है उन्हें पुनः प्रस्तुत कर बोध का विषय बनाना। यह उनका संस्कार करना भी है। यही अन्तर्बोध है और यही उनका अभिव्यक्त होना भी है। जो सम्वेदन विषयाश्रित (ऑब्जेक्टिफाइ) नहीं हो पाते, पुनः प्रस्तुत नहीं हो पाते वे अन्तर्बोध भी नहीं बन पाते हैं, बस प्राकृतिक तथ्य बन कर रह जाते हैं। चेतना जब सक्रिय होती है तो रचनाधर्मी, रूपधर्मी, अभिव्यक्तिरूप होती है, इसीलिए अन्तर्बोध और अभिव्यक्ति को अलग-अलग नहीं किया जा सकता।[13]

अभिव्यक्ति को कुछ लोग केवल शब्दरूप मानते हैं, यह उनका भ्रम है (यहाँ क्रोचे अभिव्यक्ति का प्रथम, अर्थात्, सामान्य अर्थ ले रहा है)। परिस्थिति के अनुसार यह अन्य रूप-रंग, रेखा, स्वर, मुद्रा आदि-भी ले सकती है। मनुष्य जितने भी प्रकार से स्वयं को अभिव्यक्त कर सकता है वे सभी अन्तर्बोध हैं। इस स्तर पर संज्ञानात्मक प्रक्रिया में अन्तर्बोध और अभिव्यक्ति को अलगाना असम्भव है। एक के साथ दूसरे का भी तत्काल प्रकट होना यह सिद्ध करता है कि ये दो न हो कर एक ही हैं।

ऊपर कहा जा चुका है कि ऐंद्रिय सम्वेदनों को प्रमेय बना कर उनका संस्कार करना (संस्कार में उनके रूप के स्पष्ट होने, बिम्ब बनने, का भाव भी निहित है) अन्तर्बोध है, अभिव्यक्ति है। यह एक तथ्य है, चाहें तो इसे अन्तर्बोध का एक घटक भी कह सकते हैं। इसका दूसरा तथ्यात्मक घटक है सम्भाव्य बिम्बों का जन्म। यह

भी अन्तर्बोध है, अभिव्यक्ति है। और तीसरा तथ्य है अन्तर्बोध में दोनों का घुल मिल कर एकात्म हो जाना। अभिव्यक्ति में यथार्थ और सम्भाव्य जैसा कोई भेद नहीं होता। इसे समझाने के लिए क्रोचे एक उदाहरण लेता है। चित्रकार के सामने जब वह व्यक्ति बैठता है जिसका उसे चित्र बनाना है तो उसे लगता है मानों उसके सामने पूरी दुनिया है जिसके एक-एक कोने को खोजना है, देखना है और यह देखने का काम आँखों से नहीं कल्पना से ही सम्भव है।[14] तात्पर्य यह कि व्यक्तिचित्र (पोर्ट्रेट) में भी यथार्थ एवं कल्पना की ऐसी एकता तभी सम्भव है जब दोनों की प्रकृति एक हो। फिर, इस धारणा के समर्थन में वह माइकेलांजेलो और लियोनार्दो को उद्धृत करता है। माइकेलांजेलो का भी यही मत था कि कोई भी चित्रकार हाथों से नहीं मस्तिष्क से चित्र बनाता है। क्रोचे की भाषा में मस्तिष्क कल्पना का पर्यायवाची है जिसके बिना अन्तर्बोध सम्भव ही नहीं है। लियोनार्दो के जीवन से जुड़ी एक रोचक घटना भी इसी ओर संकेत करती है। चित्रकार के रूप में वह तब तक पूरे देश में प्रसिद्ध हो चुका था। मिलान के ड्यूक ने उसे एक कॉन्वेंट में चित्र (यह प्रसिद्ध चित्र 'अन्तिम रात्रि-भोज है) बनाने के लिए आमंत्रित किया। कहा जाता है वह कई दिनों तक दीवार की ओर बस देखता भर रहा। तब एक अधिकारी ने ड्यूक से इसकी शिकायत करते हुए कहा कि उसे बुला कर डाँटा जाना चाहिए। जब लियोनार्दो को बुला कर इसका कारण पूछा गया तो उसने बड़ी विनम्रता से उत्तर दिया—"चित्र बनाने के पहले उसके रूप को अन्तस में देख लेना बहुत आवश्यक होता है। विषय से सम्बन्धित सभी व्यक्तियों के [मानसी] चित्र बन गये हैं केवल दो रह गये हैं, एक ईसा मसीह का दूसरा जूडास का।" इस घटना से क्रोचे निष्कर्ष निकालता है कि कलाकार इसलिए कलाकार नहीं है कि वह कलाकृति तैयार करता है वरन् इसलिए कि दूसरे जिसे केवल महसूस कर पाते हैं, या, जिसकी केवल झलक देख पाते हैं कलाकार उसे विशदता से देख लेता है। 'प्रतिभासम्पन्न महान् व्यक्ति जब कोई बाह्य क्रिया नहीं कर रहे होते हैं उस समय भीतर से वे सर्वाधिक सक्रिय होते हैं तथा उसी से नव निर्माण होता है' लियोनार्दो की इस उक्ति को आधार बना कर क्रोचे ने बाद में यह व्यवस्था दी कि वास्तविक कलाकृति का जन्म तो तभी हो जाता है जब कलाकार उसका मानसदर्शन (=अन्तर्बोध) कर लेता है, भौतिक माध्यम में उसे कोई रूप मिले चाहे न मिले। अन्त में, चर्चा के मुख्य विषय को रेखांकित करते हुए वह लिखता है—"सम्वेदनों का निरन्तर प्रवाह वह मानसिक उपादान है जिसे अन्तर्बोध एक निश्चित रूप देता है, यह 'रूप प्रदान करना ही उसका भेदक, विशिष्ट गुण, है और इसी का दूसरा नाम अभिव्यक्ति है।"[15] गणित की भाषा में इसे यों रखा जा सकता है—'अन्तर्बोध = अभिव्यक्ति।" अब, इसमें सन्देह नहीं रह जाता कि अन्तर्बोध्य ज्ञान ही अभिव्यक्ति आधारित ज्ञान है। इस सम्बन्ध में इतना और स्मरण रखना आवश्यक है कि यह बौद्धिक क्रिया से पूर्णतया मुक्त तथा अनुभवजन्य किसी

भी प्रकार के भेद-ज्ञान से निरपेक्ष होता है। इसमें यथार्थ-अयथार्थ अथवा देश-काल का कोई विचार नहीं होता। कारण यह है कि ये सब उसके बाद की उपज होते हैं और अपने अस्तित्व के लिए उसी पर निर्भर हैं। अन्तर्बोध या पुनः उपस्थापन सम्वेदनों तथा मनोविकारों से, अथवा, हम जो भोगते हैं उससे इस अर्थ में भिन्न होता है कि यह उन्हें एक इकाई में बाँध लेता है। बाँध लेना, पदार्थ को वश में कर लेना ही अभिव्यक्ति है।

1.4 अन्तर्बोध और कला

अब तक की चर्चा क्रोचे की इस उपपत्ति की भूमिका थी कि अन्तर्बोध्य/अभिव्यक्ति-प्रकाश्य ज्ञान तथा सुन्दर/कलात्मक तथ्य में कोई भेद नहीं है। दूसरे अध्याय में वह इसी अभिन्नता को सिद्ध करने की दिशा में आगे बढ़ा है। इसमें उसने 'दो वैशिष्ट्यों' की उपपत्ति को मुख्य आधार बनाया है। सब से पहले वह उन दार्शनिकों के भ्रम का निवारण करता है जो कला को अन्तर्बोध तो मानते हैं पर एक विशेष वर्ग का। तात्पर्य यह कि अन्तर्बोध की जाति (जीनस) के भीतर एक विशिष्ट उपजाति (स्पीशीज़) है जिसका भेदक है कलात्मकता। अर्थात्-प्रत्येक अन्तर्बोध, उनकी दृष्टि में, कलात्मक नहीं होता। और, जब उनसे पूछा जाता है कि कलात्मक अन्तर्बोध नामक इस उपजाति के भेदक (डिफ़रैन्शिया) की क्या कोई व्याख्या भी है तो उत्तर मिलता है—इस अन्तर्बोध में सम्वेदनों के स्थान पर स्वयं अन्तर्बोध ही विषयाश्रित होते हैं। अथवा, यों कहें कि यह अन्तर्बोधों का अन्तर्बोध है। इसे समझने के लिए वे विज्ञान का उदाहरण देते हैं और मानते हैं कि विज्ञान में सामान्य अवधारणाओं का नहीं अवधारणाओं की अवधारणा का आश्रय लिया जाता है।

क्रोचे विज्ञान और कला दोनों ही क्षेत्रों में किसी भी प्रकार के गुणात्मक (क्वालिटेटिव) भेदक को सिरे से खारिज करता है क्योंकि यह अभी तक सिद्ध ही नहीं हो पाया है। हाँ, परिमाणात्मक (क्वांटिटेटिव) भेदक मानने के लिए वह तैयार है। विज्ञान बिम्बों के स्थान पर अवधारणाओं का उपयोग करता है, ऐसी अवधारणाएँ जो दुर्बल या सीमित न हो कर सशक्त एवं व्यापक होती हैं। इतना ही नहीं, वह सतत नये-नये सम्बन्ध एवं नयी-नयी अवधारणाओं की खोज भी करता रहता है। इसी तरह, साधारण मनुष्य जिस प्रकार के अन्तर्बोधों का सामान्यतः अनुभव करता है उसकी अपेक्षा कलाकृति कहीं अधिक व्यापक एवं जटिल अन्तर्बोधों का संकलन (संकलन शब्द से यह अर्थ नहीं निकलना चाहिए कि उसकी जैव एकता में अंगांगी सम्बन्ध नहीं होता) होता है। यह परिमाणात्मक भेद है न कि गुणात्मक क्योंकि कलात्मक अन्तर्बोधों का उपादान (कच्चा माल) भी संवेदन ही होते हैं। सारांश यह कि कला अभिव्यक्ति की अभिव्यक्ति है यह कहना पूरी तरह गलत है।

इस तथ्य को अस्वीकार नहीं किया जा सकता कि कुछ व्यक्ति अन्तस की जटिल स्थितियों को पूर्णता से व्यक्ति कर पाने में अधिक सक्षम होते हैं। समाज इन्हीं को कलाकार कह कर पुकारता है। किन्तु, यह नाम दे देने मात्र से उनके अन्तर्बोधों की प्रकृति में (गुण-धर्म में) अन्तर नहीं आ जाता। इसे अन्य प्रकार से भी सिद्ध किया जा सकता है।

कहा जाता है कि महान् कलाकार सामाजिक को उसका अपना ही अन्तःदर्शन करवाते हैं। अर्थात्, कलाकृतियों में वह कलाकार को नहीं स्वयं को ही देखता है और इस तरह देखता है कि उस अनुभव के बाद अपने को ज़्यादा अच्छी तरह समझने लगता है। अब प्रश्न है कि यह व्यापार घटता कैसे है? या, इसका मूल कारण क्या हो सकता है? मनोविज्ञान की दृष्टि से इसका उत्तर होगा कि यह तभी सम्भव है यदि उत्पादक और उपभोक्ता की कल्पना में प्रकृतिगत साम्य हो। साम्य शब्द विशेष अर्थगर्भ है। इसके अन्तर्गत परिमाणात्मक अन्तर तो स्वीकार किया जा सकता है गुणात्मक अन्तर नहीं। तात्पर्य यह कि सामाजिक भी बड़ा नहीं तो छोटा कलाकार अवश्य हो। इस स्थापना से निष्कर्ष यह निकलता है कि कुछ कवि जन्मजात महान् होते हैं कुछ साधारण। साधारण कवि (=सामाजिक) को प्रशिक्षण द्वारा, कविताओं का अभ्यास करा कर (भारतीय काव्यशास्त्र में इसे ही व्युत्पत्ति कहा गया है) इस सीमा तक ऊपर उठाया जा सकता है कि वह महान् कवि की ऊँचाई को छू सके। किन्तु, यदि उसकी प्रकृति ही भिन्न हो तो प्रशिक्षण से उसे कवि/कलाकार नहीं बनाया जा सकता। इतिहास की यह दुःखद घटना है कि समाज परिमाणात्मक अन्तर को गुणात्मक अन्तर समझ बैठा और प्रतिभासम्पन्नता का अलग से पंथ ही चल पड़ा और कहीं-कहीं तो यह माना जाने लगा कि काव्य-रचना के समय कवि होश-हवास में नहीं रहता।[16] लोग यह भूल ही गये कि महान् कलाकार भी अंततः मनुष्य ही हैं।

यह विश्वास करना कि प्रतिभासम्पन्न कवि रचना करते समय सुध-बुध खो बैठता है वस्तुतः अन्धविश्वास है, यह उसे श्रेष्ठ पद से नीचे ढकेल देने जैसा है। अन्तर्बोधी व्यापार (जिसे कोई चाहे तो कलात्मक व्यापार कह ले) अन्य मानव क्रियाओं की भाँति ही संज्ञानात्मक व्यापार है। इसमें से यदि संज्ञान का तत्त्व निकाल दिया जाय तो यह याँत्रिक व्यापार बन कर रह जायगा तब क्या उसका कोई मानव-मूल्य होगा।

कला-व्यापार से जुड़ा एक प्रश्न और है—कच्चे माल और तैयार माल में क्या सम्बन्ध है? शास्त्रीय भाषा में इसी को वस्तु-तत्त्व (विषय वस्तु) और रूप-तत्त्व के परस्पर सम्बन्ध का नाम दिया गया है। कलाशास्त्र के इतिहास में जितनी गरमा-गरम बहसें इस समस्या को ले कर हुई हैं शायद ही किसी अन्य विषय पर हुई हों। वर्तमान

सन्दर्भ में इसका रूप होगा—कलात्मकता का अधिष्ठान अन्तर्वस्तु है, या, रूप, अथवा दोनों का युगपत् सम्बन्ध? क्रोचे की दृष्टि में ये सभी प्रश्न व्यर्थ हैं, असंगत हैं। उसकी विचार-सरणि के अनुसार रूप का उपादान कारण सम्वेदन या वे मानसिक विकार हैं जिनका परिष्कार नहीं हुआ है। चेतना जब उन्हें प्रमेय बना कर संस्कारित कर लेती है तो उनका नाम रूप या अभिव्यक्ति हो जाता है। ऊपर के प्रश्न यह आभास देते हैं कि सम्वेदन और अभिव्यक्ति की सत्ता अलग-अलग है और बौद्धिक क्रिया उनमें तालमेल बैठाती है। जब कि, स्थापना यह है कि अभिव्यक्त, अर्थात् स्पष्ट होने की क्रिया सम्वेदनों से जुड़नेवाली कोई अलग सत्ता नहीं है वरन् इस क्रिया द्वारा सम्वेदनों का विशदित होना ही उनका रूप ग्रहण करना है। अभिव्यक्ति का अर्थ है सम्वेदनों का अपने परिष्कृत रूप में पुनः सामने आना (इसी को ऊपर पुनः उपस्थापन कहा जा चुका है), ठीक उसी तरह जैसे अशुद्ध जल छन कर, शुद्ध हो कर, पुनः प्रकट हो जाता है। यही कलात्मकता है जिसमें सम्वेदन, अपनी मूल सत्ता बनाये रखते हुए भी, कुछ भिन्नता लिए हुए प्रतीत होते हैं क्योंकि अब वे एक निश्चित रूप में व्यक्त होते हैं। सौन्दर्य अथवा कला कहलानेवाला तथ्य केवल रूप (फॉर्म) है, रूप के अतिरिक्त और कुछ नहीं।[17]

कुछ चिन्तकों की धारणा है कि कलात्मक होने के लिए, अर्थात्, रूप-तत्त्व में परिणत होने के लिए वस्तु-तत्त्व में कुछ विशिष्ट गुण होने चाहिए। इसमें सन्देह नहीं कि उपादान का रूप में परिणत होने योग्य होना आवश्यक है, एक प्रकार से अनिवार्य है। किन्तु इस योग्यता को यदि किन्हीं विशिष्ट गुणों में देखने का प्रयास करेंगे तो वह स्वयं ही अन्तर्बोध बन जाएगा। यह बात बार-बार कही जा चुकी है कि जो अनिश्चित है, अपरिभाषित है, उसका अपने गुण-धर्म स्पष्ट कर देना ही रूप ले लेना है, यही अन्तर्बोध भी है। अतः वस्तु-तत्त्व के दो भेद—योग्य तथा अयोग्य—करना भूल है।[18] इस भूल को सुधारने के लिए कुछ लोगों ने कलात्मक वस्तु को 'रोचक' विशेषण से परिभाषित किया है किन्तु स्वयं रोचकता की अभी तक कोई परिभाषा नहीं बन पायी है। क्रोचे की दृष्टि में उपादान को रूप की गरिमा मिलना ही उसका रोचक होना है।

इसी क्रम में क्रोचे कुछ अन्य धारणाओं का भी खंडन करता है। उसके सामने कलाशास्त्रियों का एक ऐसा वर्ग था जो कला को ज्ञान के वृत्त से बाहर रखने के पक्ष में था। इनकी घोषणा थी कि यह सत्य का ज्ञान नहीं कराती क्योंकि इसका वास्तविक सम्बन्ध संवेग (मनोविकार) से है।[19] ये घोषणाएँ वह उन लोगों द्वारा की गयी मानता है जो सहज अन्तर्बोध के बोधात्मक चरित्र को ठीक से नहीं समझ पाते। इसके माध्यम से प्राप्त ज्ञान बुद्धिग्राह्य ज्ञान से एकदम भिन्न होता है, ठीक उसी तरह जैसे यथार्थ के इंद्रियबोध से अलग होता है। उसकी दृष्टि में इन घोषणाओं के

मूल में यह विश्वास रहता है कि बुद्धिगम्य ज्ञान ही इस संज्ञा का अधिकारी है। जब कि वह पहले ही स्पष्ट कर आया है कि अन्तर्बोध्य ज्ञान अवधारणाओं से मुक्त होता है। इसकी तुलना यथार्थ के जटिल इंद्रियबोध (पर्सेप्शन) से भी नहीं की जा सकती क्योंकि यह उसकी अपेक्षा कहीं अधिक सहज होता है। इसलिए, कला भी ज्ञान है क्योंकि वह रूप है। इसमें मानसिक विकार भी आते हैं तो कोई रूप ले कर। इस सम्बन्ध में उसकी एक बड़ी सटीक उक्ति है—यथार्थ को उसकी मूल प्रवृत्ति, मनोभाव (उसका भीतरी तत्त्व में पकड़ना, रूप में बाँधना ही शुद्ध अन्तर्बोध है।[20]

संयोग से कुछ सौंदर्यशास्त्री यह भ्रम पाले हुए थे कि सौन्दर्य ग्रहण करने की शक्ति केवल आँखों और कानों में ही है। इसे यों भी कह सकते हैं कि इन्हीं दो को वे कला-इंद्रियाँ मानते थे। इस भ्रम का निवारण करना भी क्रोचे को आवश्यक प्रतीत हुआ। इस वर्ग के आलोचकों पर उसका आरोप था कि ये सम्वेदन और अभिव्यक्ति, या, उपादान और रूप की पृथक सत्ता सिद्ध न कर पाने के कारण, प्रकारांतर से, इंद्रियों का सहारा लेकर, इस भ्रम को पाले हुए हैं। ऐसा कह कर वे वस्तुतः यह सिद्ध करना चाहते हैं कि कुछ सम्वेदन कला की श्रेणि में प्रवेश करने की क्षमता रखते हैं, कुछ नहीं। जब कि सत्य यह है कि सभी ऐंद्रिय सम्वेदन कलाभिव्यक्ति या कला-रूप में प्रवेश कर सकते हैं किन्तु उनमें से प्रत्येक का ऐसा करना अनिवार्य नहीं है। सभी इंद्रियों को कला-इंद्रियाँ घोषित करने की पुष्टि में वह दाँते के कुछ प्रयोग उद्धृत करता है। जैसे, सघन वायु, नीलमणि का मधुर वर्ण और प्यासे की प्यास और बढ़ा देने वाली जलधारा। फिर प्रश्न करता है कि क्या इनके सम्वेदनों को केवल चाक्षुष और श्राव्य वर्गों के भीतर ही रखा जा सकता है? इसी तरह, एक चित्र को देख कर खिले-खिले कपोलों, यौवन की उष्णता, टटके फल की मिठास और चाकू की तेज धार के सम्वेदनों को क्या केवल दृष्टमान की सीमा के भीतर रखना उचित होगा। सच तो यह है कि किसी सुन्दर चित्र को देख कर हमारी अन्य इंद्रियाँ भी यदि सक्रिय नहीं हो उठतीं तो केवल आँखों के लिए भी वह कुछ रंगीन धब्बों के अतिरिक्त और कुछ नहीं रह जाता। इस समस्या के समाधान के लिए उपर्युक्त धारणा रखने वालों ने फिर यह मार्ग ढूँढ़ा कि अन्य सम्वेदनों को सहयोगी के रूप में प्रवेश दे दिया। किन्तु, अन्य सम्वेदनों को सहयोगी का पद देने का कोई तार्किक आधार नहीं है और निष्कर्ष यही निकलता है कि कलात्मक अभिव्यक्ति एक संशिलष्ट अभिव्यक्ति है जिसके विभिन्न घटकों में प्रत्यक्ष और परोक्ष, प्रधान और गौण जैसा कोई भेद नहीं होता। जब हम एक चित्र या काव्य को आत्मसात् करते हैं तो उसके सम्वेदनों में कोई कोटि-क्रम नहीं होता, वे संश्लिष्ट रूप में हमारा अन्तर्बोध्य ज्ञान बन जाते हैं।[21]

उपर्युक्त तथ्य का सबसे बड़ा प्रमाण है कलाकृति की अखंडता। प्रत्येक

अभिव्यक्ति एकल अभिव्यक्ति होती है। अभिव्यक्ति का अवधारण (कन्सेप्शन) एक क्रिया है। यह क्रिया और कुछ नहीं सम्वेदनों को जैव (ऑर्गेनिक) एकता में संश्लिष्ट रूप प्रदान करना है। इस क्रिया द्वारा नाना प्रकार के सम्वेदनों को इस प्रकार से एकरूपता प्रदान की जाती है कि अंगों की विविधता भी बनी रहती है और अंगी की एकता भी। अभिव्यक्ति/कलाभिव्यक्ति ऐसा संश्लेषण है जिसमें अनेक मिलकर एक हो जाते हैं, विविधता में एकता स्थापित हो जाती है, यही उसकी विशषता है।

अन्त में, फिर से यह कह देना आवश्यक प्रतीत हो रहा है कि सम्वेदन ही अभिव्यक्ति का पदार्थ/उपादान हैं। अभिव्यक्ति के स्थान पर कला शब्द का प्रयोग करें तो भी संवेदनों की पदस्थिति (स्टेटस) वही मानी जायगी। कलाकृति लघु न हो कर व्यापक सीमावाली (जैसे, शोकगीति के स्थान पर त्रासदी ली जा सकती है) हो तो लोगों के मन में कुछ शंकाएँ उठना स्वाभाविक है। उसी के निवारणार्थ क्रोचे का स्पष्टीकरण है कि ऐसी रचनाओं का संवेदन-भंडार विशाल होता है। उनमें वे संवेदन भी होते हैं जो पहले अभिव्यक्ति बन चुके होते हैं। पहले की अभिव्यक्तियाँ पुनः सम्वेदन बन कर नये संवेदनों के साथ संश्लिष्ट होती चलती हैं। यह स्मरण रखना अत्यंत आवश्यक है कि संश्लेषण सम्वेदन और सम्वेदन के बीच ही सम्भव है, सम्वेदन और अभिव्यक्ति के बीच में नहीं। इसी कारण से पहले की अभिव्यक्तियों को पुनः सम्वेदन की स्थिति में आना पड़ता है अन्यथा एकता नहीं स्थापित हो पायेगी। पहले के विषयाश्रित होकर अभिव्यक्ति बने सम्वेदनों के पुनः मूल स्थिति में आते जाने और नये सम्वेदनों से एकात्म होते जाने की प्रक्रिया तब तक चलती रहती है जब तक कृति पूर्ण नहीं हो जाती। कलाकृति जितनी व्यापक होगी यह प्रक्रिया भी उतनी ही दीर्घ होगी।[22]

सम्वेदनों के विषयाश्रित होने (प्रमेय बनने) का अर्थ है कलाकार (प्रमाता) का उनकी जकड़ से मुक्त होना। इसे यों समझा जा सकता है कि जिन्हें सहने के लिए वह अब तक विवश होता है (इस अर्थ में कि इंद्रियाँ विभिन्न उत्तेजकों द्वारा प्रभावित होती रहती हैं) उन्हें प्रमेय बना कर वह अपने वश में कर लेता है।[23] संश्लेषण से पहले ऐसा कर लेना आवश्यक है अन्यथा संश्लेषण हो ही नहीं पायेगा। यह सम्पूर्ण प्रक्रिया–कलाकार द्वारा स्वयं को सम्वेदनों की जकड़ से मुक्त करना, उन्हें प्रमेय बना कर, शुद्ध कर, अभिव्यक्ति/रूप की सीमा में बाँधना–इस तथ्य का प्रमाण है कि कला इंद्रियों द्वारा गृहीत सम्वेदनों की निष्क्रिय अंतस पर पड़ी छाप मात्र नहीं है, यह चेतना की सक्रिय भूमिका की स्वतंत्र रचना है, उसकी मुक्ति की घोषणा है। पर, इससे यह नहीं समझ लेना चाहिए कि कला-रचना में सम्वेदनों का कोई योग नहीं रह जाता। कलाकार को केन्द्र में रख कर यदि इसकी व्याख्या करनी हो तो कहना होगा कि इसमें उसकी सम्वेदन-शक्ति (उपादान कारण रूप सम्वेदनों को उनकी

समग्र व्यापकता एवं तीव्रता में ग्रहण करने की क्षमता) का जितना योग होता है उतना ही उन्हें अपने से विलग कर स्वायत्त रूप-कारण (अभिव्यक्ति=कला-रूप) में परिणत करने की योग्यता का भी होता है। इस परिप्रेक्ष्य में देखें तो वस्तु-तत्त्व और रूप-तत्त्व का यह सम्बन्ध कहियत भिन्न न भिन्न जैसा ही प्रतीत होगा।

1.5 कला क्या नहीं है*

गत विवेचन में यह स्पष्ट करने का प्रयास किया गया है कि अन्तर्बोध चेतना की स्वैच्छिक क्रिया है, यही कला-क्रिया भी है। अतः यह कहना पूर्णतया युक्तियुक्त है कि कलाकृति चेतना की अन्तर्बोधी क्रिया का उत्पाद है। क्रोचे के सामने समस्या यह थी कि लोग इसे अन्य मानसी उत्पादों जैसा ही न समझ लें। ऐसा होने से कलाकृति से उनकी अपेक्षाएँ भी बढ़ जायेंगी और वे मूल्यांकन के लिए उन मानदंडों का उपयोग करने लग जायेंगे जो वस्तुतः कला की सीमा के बाहर हैं। अतः उसने इस विषय पर विचार करना भी अपना कर्तव्य समझा कि कला क्या नहीं है। इस सन्दर्भ में, भूमिका स्वरूप, कुछ स्थापनाओं को दोहरा लेना उचित होगा।

पहली स्थापना यह है कि अन्तर्बोध ऐसी क्रिया है जो सम्वेदनों को बोध का विषय बना कर, उनकी विशेषताओं को अक्षुण्ण रखते हुए, उनमें एकता स्थापित करती है। अन्तर्बोध लघु एवं सरल भी हो सकता है तथा व्यापक एवं जटिल भी। दूसरी स्थिति में नाना प्रकार के, वर्तमान, गत तथा सम्भावित, सभी सम्वेदन मिल कर एक विशाल एकता में परिणत हो जाते हैं। अन्तर्बोध, जिसके अन्य नाम अभिव्यक्ति और रूप भी हैं, की सीमा चाहे जितनी व्यापक हो एकता उसका मुख्य गुण रहेगा ही। दूसरे, यह अभिव्यक्ति बिम्बस्वरूप होती है इसलिए रूप एक प्रकार से बिम्ब-विधान है। ये बिम्ब कलाकृति का एक घटक हैं, दूसरा घटक, इनमें एक-सूत्रता लानेवाला वह मनोभाव है जो इनमें एक प्रकार से प्राण-संचार कर इन्हें परस्पर निकट लाता है। इस प्रक्रिया में लगता है मानों बिम्ब नाना रूप-रंग के फूल बन कर एक माला में गुँथ गये हों। महत्त्व की तीसरी बात यह है कि इस रासायनिक प्रक्रिया को तर्क की भाषा नहीं पकड़ पाती, इसे केवल कविता या अन्य कलाएँ ही सिद्ध कर पाती हैं।

बिम्ब और मनोभाव इन दोनों का द्वैत केवल विश्लेषण के लिए है, सत्ता केवल अद्वैतभाव की है। फिर भी, कुछ लोग यह समझने की भूल कर बैठते हैं कि ये दोनों घटक ऐसे हैं जो बाहर से भले ही एक दीखते हों किन्तु भीतर से ये अपनी स्वतन्त्र सत्ता बनाये रखते हैं ठीक वैसे ही जैसे दो धागों को बट देकर एक तो कर दिया जाता है किन्तु यथार्थ में वे दो ही बने रहते हैं। सच पूछा जाय तो कलाकृति के

* यह अंश 'एनसाइक्लोपीडिया ब्रिटानिका' में क्रोचे के लेख पर आधारित है।

सन्दर्भ में बिम्ब और मनोभाव के लिए दो धागों की उपमा उचित नहीं है। शुद्ध अन्तर्बोध में मनोभाव स्वयं ही बिम्बों में रूपांतरित हो जाता है। या, यों कहें कि मनोभाव जब ध्यान-व्यापार का विषय बनता है तो विगलित होकर अपनी सीमा का अतिक्रमण कर नया रूप ले लेता है। इसलिए, क्रोचे निष्कर्षस्वरूप कहता है कि कविता (तथा अन्य कलाएँ भी) न तो मनोभाव कही जानी चाहिए न बिम्ब और न इन दोनों का समन्वित रूप वरन् 'मनोभाव का अनुध्यान' (कंटेंप्लेशन ऑफ़ फीलिंग) अथवा 'भावप्रवण अन्तर्बोध' (लिरिकल इंटयुइशन) कहना अधिक उचित है। वैसे शुद्ध अन्तर्बोध भी इस अर्थ को व्यक्त करने में सक्षम है क्योंकि यह यथार्थ-अयथार्थ के भेद, इतिहास-बोध अथवा देश-काल के सन्दर्भों से मुक्त होता है। इसकी विशेषता है जीवन के स्पंदन को उसके शुद्ध भाव (आइडियेलिटी) में ग्रहण करना। इसके अतिरिक्त कविता/कला में जो कुछ भी होता है उसे विजातीय की संज्ञा दी जानी चाहिए। इन्हें वही व्यक्ति (कलाकार हो या सामाजिक) प्रधानता देता है जो कला की प्रकृति से परिचित नहीं है। इतिहास साक्षी है कि बहुधा ऐसा हुआ है जब कला गौण हो गयी और विजातीय तत्त्व प्रधान। इसी से प्रेरित होकर क्रोचे को विचार करना पड़ा कि कला क्या नहीं है।

1. कला दर्शन नहीं हैः दर्शना सत्ता के सार्वभौम वर्गों पर तर्कसम्मत चिन्तन करता है, कला इस प्रकार के चिन्तन के बिना ही सत्ता का अन्तर्बोधन है। दर्शन बिम्बों की सीमा का अतिक्रमण कर उन्हें साधन रूप में अपनाता है जब कि कला बिम्बों के राज्य में ही विचरण करती है। कहा जाता है कि कला तर्क की उपेक्षा नहीं कर सकती, वह तर्क शून्य नहीं हो सकती। निश्चित ही वह न तर्कशून्य है न तर्क विरुद्ध, हाँ उसकी अपनी तर्कना है और अपनी युक्तिमत्ता। उसके इसी गुण को रेखांकित करने के लिए 'सौन्दर्यबोधी तर्कना' अथवा 'कलाबोध' शब्द गढ़े गये हैं।

2. कला इतिहास नहीं हैः इतिहास-बोध भेद-बुद्धि से परिचलित होता है। यह सत्य और मिथ्या का बड़ी सूक्षमता से विवेचन करता है। तथ्य के यथार्थ और कल्पनालोक की वास्तविकता, या, कार्य-व्यापार के सत्य तथा कामनाओं की सच्चाई को सामने लाना उसका धर्म है। कला के लिए ये भेद कोई अर्थ नहीं रखते। काव्य के पात्र सचमुच कभी पैदा हुए थे या नहीं इस प्रश्न से न तो उनकी जीवंतता प्रभावित होती है न काव्य का सौन्दर्य। इसको लेकर कभी-कभी एक आपत्ति उठायी जाती है कि काव्य ऐतिहासिकता के निकष की एकदम उपेक्षा नहीं कर सकता क्योंकि इतिहास न सही इतिहासाभास (सत्याभास) का अनुसरण तो वह करता ही है। यह आपत्ति उठाने वाले भूल जाते हैं कि बिम्ब-विधान अन्तः संगति (इंटर्नल कोहरेन्स) के नियम का पालन करता है।[24]

3. कला प्रकृति-विज्ञान नहीं हैः ऐतिहासिक तथ्यों का वर्गीकरण करके उन्हें

अमूर्त व्यवस्था प्रदान करना ही प्रकृति-विज्ञान है। कहा जा चुका है कि कला में कोई भी तथ्य देश-काल में बँध हुआ नहीं होता। उसकी यह स्वायत्तता ही उसे प्रकृति-विज्ञान से अलग कर देती है। इसी तरह यह गणित-विज्ञान भी नहीं है। गणित के दो भेदक हैं। एक, उसका समस्त व्यापार अपकर्षित घटकों (ऐब्सट्रैक्शन्स) से परिचालित होता है; दो, उसमें ध्यान-व्यापार के लिए कोई स्थान नहीं है। उधर कला में मनन उसका अनिवार्य घटक है तथा उसकी सम्पूर्ण क्रिया बिम्बों का ही व्यापार है। कुछ लोग कलाओं में गणितीय या ज्यामितीय आधार ढूँढ़ते हैं, क्रोचे उसे लक्षणा के अन्तर्गत रखने को तैयार है क्योंकि कलाकार की मानसिकता ही ऐसी होती है जो व्यापक बिम्ब-रचना में भी एकता का विधान कर लेती है।

4. कला कपोल-कल्पना (फैन्सी) नहीं हैः कपोल-कल्पना में मन क्रीड़ा-भाव से, केवल मनोरंजन के लिए, विविधता की खोज में एक बिम्ब से दूसरे बिम्ब की ओर भागता फिरता है। जो बिम्ब थोड़ा भी रुचिकर प्रतीत हुआ उसी से क्षणिक सुख पाने के लिए मन दौड़ पड़ता है। असम्बद्ध बिम्बों की भीड़ में मन का भटकते रहना कपोल-कल्पना है। किन्तु यही कपोल-कल्पना जब मन की आकुलता पर एकाग्र हो कर उसे अन्तर्बोध में परिणत कर देती है तो 'कल्पना' बन जाती है। इसी को सृजनात्मक अथवा काव्य-कल्पना भी कहा जाता है। दूसरे शब्दों में, कपोल-कल्पना जब दिशाहीनता की स्थिति त्याग कर बिम्बों को एक रूपता प्रदान करने की दिशा में प्रवृत्त होती है तो कल्पना नाम से जानी जाने लगती है। यह तात्त्विक अन्तर नहीं है मात्र क्रिया-भेद है, पूर्व और पर का अन्तर है।

5. कला (मुख्यतः काव्य-कला) न उपदेश है न वाग्मिताः व्यावहारिक जीवन में किसी लक्ष्य को ध्यान में रख कर, केवल उसी तक सीमित रह कर, की गयी क्रिया कला नहीं कहला सकती। यह लक्ष्य कोई दार्शनिक, ऐतिहासिक या वैज्ञानिक सत्य हो सकता है, अथवा, किसी विशिष्ट संवेग या उससे जुड़े व्यापार का समर्थन भी हो सकता है। सामान्य भाषा में इसे वाग्मिता कहा जाता है। वाग्मिता अभिव्यक्ति को किसी अन्य लक्ष्य का साधन बना कर उसकी स्वायत्तता छीन लेती है और उसकी सीमा भी बाँध देती है। शिलर ने इसी को ध्यान में रखकर वाग्मिता को निश्चयी (डिटरमिनिंग) और कला को न-निश्चयी (नॉन-डिटरमिनिंग) गुण-धर्मी कहा है। यदि कविता को स्वयं को किसी विशेष प्रकार/वर्ग की दर्शाने की आवश्यकता पड़ जाय (जैसे, राजनीतिक या उपदेशात्मक) तो समझ लेना चाहिए कि वह कविता नहीं कुछ और है, अथवा, बहुत घटिया कविता है।

6. व्यावहारिक जीवन से जुड़ी हुई कोई भी क्रिया कला नहीं हैः उपदेश और वाग्मिता कविता नहीं हैं क्योंकि ये क्रियाएँ व्यावहारिक जीवन के लक्ष्य से प्रेरित हैं। इसी नीति का अनुसरण करते हुए उन क्रियाओं को भी कला नहीं माना जाना चाहिए

जो किन्हीं विशिष्ट प्रभावों के लक्ष्य से प्रेरित होती हैं। जैसे, किसी का लक्ष्य सुख पहुँचाना या मनोरंजन करना हो सकता है, किसी में उपयोगिता की दृष्टि प्रधान हो सकती है तो कोई हित अथवा नैतिक आचरण की भावना से प्रेरित हो सकती है। ये सभी क्रियाएँ कला-भावना से शून्य होने के कारण कला प्रेमियों में विरक्ति पैदा करती हैं।

7. कला तात्कालिक अनुभूति (फीलिंग) नहीं है: पश्चिम के काव्यशास्त्रियों के सामने यह बड़ी समस्या रही है कि प्राकृतिक उत्तेजक (स्टिमुलस) से उत्पन्न और कृत्रिम (कलात्मक) उत्तेजक से जगायी गयी अनुभूति की अलग-अलग पहचान कैसे करायी जाय। दोनों ही प्रकार की मानसिक अवस्थाओं के लिए उनके पास दो शब्द थे—फीलिंग और इमोशन। इसलिए, कलाजन्य मनोविकारों को परिभाषित करने के लिए उन्हें एक लम्बी व्याख्या प्रस्तुत करनी पड़ती थी। भारतीय काव्यशास्त्रियों ने इस समस्या का समाधान 'भाव' शब्द के द्वारा दो हज़ार वर्ष पहले कर लिया था।[25] यह ठीक है कि इसका प्रयोग दृश्यकाव्य की चर्चा के अंतर्गत हुआ किन्तु अन्य कलाओं से भी इसका सम्बन्ध स्वीकार कर लिया जाना चाहिए। क्रोचे का इस ओर ध्यान जाना स्वाभाविक था क्योंकि अनेक चिंतक कला-जगत् तथा प्राकृतिक संसार में भेद न करते हुए कलाकृतियों पर भी वे ही नियम घटा रहे थे जो उन्हें प्रकृति में दिखायी दे रहे थे। भाव और प्रकृत आवेग में अन्तर दर्शाने के लिए वह कवि का उदाहरण लेता है। कवि अपने शोक के आवेग को प्रमेय बना कर जब उस पर ध्यान केन्द्रित करता है तो उसकी प्रतिक्रिया (मनोवेग की अभिव्यक्ति) रोने-चिल्लाने का रूप नहीं लेती वरन् तालबद्ध छन्दों में ढल जाती है; अपने मानसिक विक्षोभ को चिंतन का विषय बना कर वह उसे अपने गीत का विषय बना लेता है।[26] इस अन्तर को और स्पष्ट करने के लिए हमारा लेखक दूसरा उदाहरण नाटक से लेता है। प्राकृतिक उत्तेजकों द्वारा प्रेरित मानसिक संवेगों (जिन्हें क्रोचे ने फीलिंग इन इमिडियेसी कहा है) को एक सामान्य व्यक्ति दैनंदिन व्यवहार में अभिव्यक्त करता हुआ देखा जा सकता है और उन्हीं मानसिक अवस्थाओं को मंच पर एक पात्र भी व्यक्त करता हुआ दिखाया जाता है किन्तु दोनों अभिव्यक्तियों के चरित्र में अन्तर होता है। क्रोचे प्रथम को द्वितीय का लाक्षणिक प्रयोग मानता है क्योंकि उसके मत से द्वितीय, अर्थात् कलात्मक अभिव्यक्ति ही यथार्थ अभिव्यक्ति है। इसका कारण देते हुए वह लिखता है कि केवल कलात्मक अभिव्यक्ति ही अनुभूति को शब्द, स्वर या और कोई बाह्य रूप देकर उसे ज्ञानस्वरूप बनाती है। चिन्तन का विषय बनी अनुभूति कविता/कला कहलाती है और इसका चरित्र निश्चित ही उस अनुभूति से भिन्न होता है जिसे व्यक्ति (या स्वयं कवि भी) झेल रहा होता है। यह अन्तर कला-शक्ति का स्रोत है। यहाँ, जिस शक्ति की ओर वह संकेत कर रहा है उसे

उसकी काथार्सिस की व्याख्या के सन्दर्भ में समझा जा सकता है।

काथार्सिस की अपने ढंग से व्याख्या कर उसने इसे नया आयाम दिया है।[27] इस पर उसकी टिप्पणी है कि कवि/कलाकार नैसर्गिक परिस्थितियों से विचलित हो उठता है। ये मानसिक विकार जब उसे विचलित कर रहे होते हैं तब यदि वह उन्हें चिन्तन का विषय बना लेता है तो कलाकृति के माध्यम से उनका निस्सरण हो जाता है; इससे उसकी व्याकुलता शान्त हो जाती है, यही काथार्सिस है। इस शक्ति को ध्यान में रखते हुए तथा इसी से निःसृत कलाभिव्यक्ति की एक और विशेषता पर भी वह प्रकाश डालता है। तात्कालिक अनुभूति को वह ससीम घोषित करता है तथा कला में परिणत हुई अनुभूति को वह निस्सीम कहता है। निस्सीम शब्द का प्रयोग उसने कला के सार्वभौम चरित्र के लिए किया है। कला का सार्वभौम चरित्र स्वीकृत तथ्य है। प्रश्न है कि उसमें यह क्षमता आती कैसे है? उत्तर है, तात्कालिक अनुभूति जब चिन्तन का विषय बनती है तो उसकी सीमाएँ टूटने लगती हैं और उसका विसरण होने लगता है। इसे उस दृश्य की तरह समझना चाहिए जो तालाब में एक कंकड़ के गिरने से पैदा होता है। प्रथम जलावर्त व्यापक से व्यापकतर होता जाता है, यहाँ तक कि पूरे तालाब में फैल जाता है। इसी तरह वह सीमाविगलित अनुभूति भी विसरित होते-होते सम्पूर्ण आत्मिक संसार में व्याप्त हो जाती है, यहाँ तक कि उसकी गूँज-अनुगूँज काल की सीमाओं को भी तोड़ देती है। किन्तु, इसका यह अर्थ नहीं लेना चाहिए कि अनुभूति अपना वैशिष्ट्य खो कर सामान्य की सीमा में प्रवेश कर जाती है। क्रोचे इस बिन्दु पर दृढ़ है कि वह अपने मूल चरित्र को बनाये रखती है। यह उपपत्ति उसकी आधारभूत उपपत्ति है कि प्रत्येक अन्तर्बोध विशेष (विशिष्ट गुण-धर्म) का प्रत्यक्ष बोध है और यह इसलिए सम्भव हो पाता है क्योंकि इसमें बुद्धि का योग (अर्थात् सामान्य का प्रवेश) नहीं होता।

1.6 कला का उपजीव्य

प्रतीत होता है क्रोचे भीतर ही भीतर यह अनुभव करने लगा था कि उसके चिन्तन में कला की उत्पत्ति चेतना के प्रथम नित्य रूप तक सीमित होने के कारण लोगों को भ्रम हो सकता है कि चेतना के अन्य रूपों की क्रियाओं से इसका कोई सम्बन्ध नहीं है। इसी भ्रम को दूर करने के लिए उसकी निर्भ्रांत घोषणा है—"ऐसा मान लेने पर जीवन के व्यापक सन्दर्भों से कला का सम्बन्ध ही विच्छेद हो जायगा और तब उसका मूल्य भी क्या रह जायगा।" अन्तर्बोध चेतना की प्रथम क्रिया अवश्य है और अन्य क्रियाओं से इसका पार्थक्य भी स्पष्ट है, किन्तु इसका यह अर्थ नहीं है कि चेतना के शेष तीनों नित्य रूपों या उनकी क्रियाओं से इसका कुछ लेना-देना नहीं है। समग्रतः चेतना एक इकाई है, इसकी विभिन्न क्रियाएँ इसके अलग-अलग रूपों

की अभिव्यक्तियाँ हैं और ये रूप मूलतः अन्योन्याश्रित सम्बन्ध से परस्पर जुड़े हुए हैं। ज्ञानमीमांसा की चर्चा के अन्तर्गत यह कहा जा चुका है कि अन्तर्बोध के बाद के सभी रूप अपने अस्तित्व के लिए अपने से पहले के रूप पर निर्भर हैं। इस तरह, अन्तर्बोध का तर्कना में, इन दोनों का लाभकारी क्रिया में और फिर इन तीनों का आचार-नीति में अन्तर्भाव हो जाता है। इस तरह, मानव चेतना अपनी पूर्णता को अंतिम रूप में प्राप्त कर लेती है। पूर्णता कहने का अर्थ है कि इसमें समस्त मानव जीवन समाया हुआ होता है। अब, यह समझना भूल होगी कि पूर्णता की यह प्रक्रिया इकतरफ़ा (अन्तर्बोध से आचार-नीति की ओर) होती है। मानव चेतना यदि एक इकाई है तो इस तथ्य को अस्वीकार नहीं किया जा सकता कि आचार-नीति भी किसी न किसी रूप में अन्तर्बोध को प्रभावित करती है। इस पृष्ठभूमि पर क्रोचे की तर्कना है:

मानव व्यक्तित्व, चूँकि, आचार-नीति में आ कर पूर्ण होता है और कलाओं में उसका यह व्यक्तित्व ही अभिव्यक्त होता है तो आचार-नीति को कला का आधार मानना किसी भी दृष्टि से अनुचित नहीं है। मानव मन न जाने कितने संवेगों से आलोड़ित रहता है, न जाने कितने विचार उसमें सतत प्रवाहित होते हैं और न जाने कितने संकल्प-विकल्प जन्म लेते रहते हैं, उनका कोई नाम-रूप नहीं होतां मानो सब-कुछ अंधकार में घुल मिल गया हो। इसके जिस अंश पर अन्तर्बोध का प्रकाश पड़ता है वही नाम-रूप (विशेष गुण-धर्म) ले कर व्यक्त हो जाता है, कविता या कोई अन्य कला बन जाता है। जिस कलाकार का अन्तर्मन सम्वेदनों के जितने विशाल भंडार से समृद्ध होगा (क्रोचे का यह वाक्य हम स्मरण करें कि पिछली सभी अभिव्यक्तियों तथा व्यावहारिक क्रियाओं को अभिव्यक्ति बनने के लिए सम्वेदनों में परिणत होना पड़ता है) उसकी कला उतनी ही मूल्यवान् होगी। जो कलाकार 'कला कला के लिए' घोष-वाक्य का अनुसरण करते हुए जीवन के सुख-दुःख में डुबकी लगाने से जितना ही कतराते हैं, उसी के अनुपात में, उनकी कला भी उतनी ही छिछली रह जाती है। इसका यह अर्थ भी नहीं लेना चाहिए कि कलाकार सभी प्रकार की परिस्थितियों को निजी जीवन में झेले ही, हाँ, सामाजिक सम्पृक्ति का भाव यदि उसमें है तो कल्पना के सहारे वह उनसे हो कर गुज़र जरूर सकता है। इसलिए, यह उक्ति अत्यन्त सटीक है कि कलाकार के लिए कल्पना का धनी होना अति आवश्यक है।

1.7 कला-रचना : उपादान से गोचर रूप तक

सौन्दर्य के गोचर रूप पर विचार करते हुए क्रोचे ने सम्पूर्ण कला-प्रक्रिया को चार अवस्थाओं में बाँटा है[28]—

(i) सम्वेदन;

(ii) अभिव्यक्ति अथवा चेतना की संश्लेणात्मक क्रिया;

(iii) कलात्मक या सौन्दर्य-सुख की अनुभूतिं; और,

(iv) कला-रूप तथ्य का भौतिक माध्यमों—ध्वनि, स्वर, रंग-रेखा आदि—में रूपांतरण।

इनमें से प्रथम दो पर इस दृष्टि से विचार हो चुका है कि अभिव्यक्ति का उपादान-कारण सम्वेदन हैं। ये बाह्य उत्तेजकों द्वारा हमारी इंद्रियों पर डाले गये वे प्रभाव हैं जिन्हें वे निष्क्रिय भाव से ग्रहण करती हैं। कलाकार इन्हें तब तक झेलता रहता है जब तक चेतना इन्हें चिन्तन का विषय बना कर स्पष्ट बिम्बों में परिणत कर एकीभूत नहीं कर लेती। यही इन्हें रूप देना या अभिव्यक्त करना है। इस सम्बन्ध में एक विशेष बात यह भी है कि हमारे लेखक की दृष्टि में प्रत्येक अभिव्यक्ति अपनी विशिष्ट पहचान लिये हुए होती है, सफल (पूर्ण सफल) होती है और पूर्णतम (पर्फेक्ट) भी। और, अभिव्यक्ति के स्थान पर यदि 'कला' शब्द का प्रयोग किया जाय (क्योंकि कला और अभिव्यक्ति में उसने कोई अन्तर नहीं माना है) तो उसने स्वीकार किया है कि सम्वेदनों का अन्तर्बोधी रूप ग्रहण करना, अर्थात् एकान्विति में बँध जाना ही कलाकृति का तथ्य रूप में पूर्ण हो जाना है। अर्थात् कलाकृति का मानसी रूप में जन्म लेना ही उसका पूर्ण होना भी है। इसकी व्याख्या करते हुए वह लिखता है कि इस रूप में भी कृति गोचर माध्यम में ही व्यक्त होती है, अन्तर केवल यही होता है कि वह किसी को प्रत्यक्ष नहीं होती। किन्तु, यह निश्चित है कि कवि उसका बोध अपने भीतर शब्द-रूप में करेगा, चित्रकार उसे रंग-रेखा में देखेगा और मूर्तिकार के अन्तस में वह प्रतिमा बन कर उभरेगी। इसके बाद कवि यदि उन शब्दों का ऐसे उच्चारण करे कि दूसरे भी सुन सकें या चित्रकार वह चित्र बनाये जो दूसरे भी देख सकें तो यह कला के मूल तथ्य में ऐसे दूसरे तथ्य का योग होगा जो भिन्न नियमों का पालन करता है। यह, वस्तुतः, व्यावहारिक क्रिया है जो संकल्प से जन्म लेती है तथा जिसका लक्ष्य उत्पादन करना होता है। व्यावहारिक क्रिया सदैव किसी निर्धारित लक्ष्य को सिद्ध करने के लिए की जाती है जब कि, जैसा हम कह आये हैं, कला एक अन्तर्बोध है और उसमें कोई पूर्व निर्धारित लक्ष्य नहीं होता। इसकी अभिव्यक्ति मुक्त (जो तर्कना और संकल्प से मुक्त हो) प्रेरणा का परिणाम होती है।[29]

'कला अपने अन्तर्बोधी रूप में ही पूर्णता को प्राप्त हो जाती है' क्रोचे की इस स्थापना को उसकी सुन्दर-असुन्दर की अवधारणा के सन्दर्भ में भी देखा जा सकता है। यह अलग बात है कि यहाँ वह एक बड़े विवाद के घेरे में भी घिर गया है। हम देख आये हैं कि अभिव्यक्ति और कला में वह कोई अन्तर नहीं मानता है और कला

का सम्बन्ध बहुधा सौन्दर्य से जोड़ लिया जाता है। सम्भवतः इसी से प्रेरित हो कर वह लिख बैठा—'सफल अभिव्यक्ति को सौन्दर्य की परिभाषा स्वीकार कर लेना पूर्णतया उचित है, न्याय संगत है।' इतना ही नहीं उसने यहाँ तक लिख दिया—"जो अभिव्यक्ति सफल नहीं है वह अभिव्यक्ति ही नहीं है.... असफल अभिव्यक्ति असुन्दर है।" ये दोनों वाक्य निर्णयक वाक्य हैं किन्तु आश्चर्य की बात है कि असफल अभिव्यक्ति में तो वह कम-अधिक का भेद स्वीकार करता है, सफल अभिव्यक्ति में नहीं। इस सम्बन्ध में उसकी घोषणा है कि जो अन्तर्बोध अभिव्यक्ति नहीं बन पया वह अन्तर्बोध नहीं है, जो बिम्ब शब्द, रंग-रेखा के काल्पनिक रूप में स्पष्टतः व्यक्त हो कर कलाकार के समस्त अन्तस को अपने रंग में नही रंग लेता वह बिम्ब नहीं है।[30] तात्पर्य यह कि कोई भी अभिव्यक्ति इस नाम की अधिकारिणी तभी बन सकती है जब वह पूर्णतम हो, और पूर्णतम होगी तो सुन्दरतम भी होगी ही।[31]

तीसरे क्रम पर लेखक ने सुखात्मक अनुभूति को रखा है और यह दर्शाने का प्रयास किया है कि कला के प्रथम मानस-दर्शन से उत्पन्न सुखानुभूति इससे मिलती-जुलती अनुभूतियों से किन अर्थों में भिन्न है। उसकी दृष्टि में यह जितनी शुद्ध होती है उतनी अन्य नहीं। उदाहरणार्थ, दिन भर श्रम करने के बाद एक मज़दूर जब कामेदी देखने जाता है तो उसकी प्रसन्नता में अन्य अनुभूतियाँ भी मिश्रित होती हैं, जैसे—विश्रान्ति का सुख, मनोरंजन का सुख, किसी विदूषक की चेष्टाओं से उत्पन्न हास्य की अनुभूति आदि भी उस अनुभूति के साथ मिल जाती हैं जो नाटककार की कला से जन्म लेती है। परिस्थिति तथा स्रोत के आधार पर अनुभूति की प्रकृति/स्वरूप में आये परिवर्तन पर अरस्तू ने भी विचार किया था। विश्रान्ति-काल (रेस्ट-पीरियड) में मनोरंजन के उद्देश्य से देखे गये नाटक से प्राप्त आनन्द और अवकाश-काल (लेज़र-पीरियड) में स्वयं साध्य क्रिया से प्राप्त आनन्द में उसने तात्त्विक अन्तर माना है,[32] किन्तु यह बात उसने सामाजिक के सन्दर्भ में कही है। इधर क्रोचे ने रचयिता और उपभोक्ता दोनों के दृष्टिकोणों में जो अन्तर होता है उसे भी ध्यान में रखा है। उसका स्पष्ट मत है कि कि कलाकार को सृजन का जो आनन्द मिलता है वह सामाजिक को आस्वादन से मिलने वाली प्रसन्नता से भिन्न होता है। यहाँ तक कि स्वयं कलाकार भी अपनी कृति के गोचर रूप को जब देखता है तो उसकी प्रसन्नता सृजन के दिव्य आनन्द से भिन्न होती है और उसके अतिरिक्त होती है। भिन्नता का कारण होता है श्रम के उत्पाद की सम्पूर्ति का आत्मतोष या उस लाभ का विचार जो उस कृति से प्राप्त हो सकता है। इसलिए, शुद्ध कलानुभूति के दिव्य आनन्द को उसने उसी क्षण के साथ जोड़ा है जब कलाकार को कृति का प्रथम अन्तर्बोध होता है।[33]

अन्त में वह कृति के गोचर रूप पर विचार करता है। इसकी भूमिकास्वरूप उसकी टिप्पणी है कि अभिव्यक्तियों का आने-जाने का क्रम एक सतत प्रक्रिया है। यहाँ 'जाने' शब्द से यह नहीं समझ लेना चाहिए कि उनका नाश हो जाता है। इस सम्बन्ध में उसकी अभिस्वीकृति (फंडामेंटल एसंप्शन) है कि जिसका जन्म हुआ है वह इस रूप में कभी नहीं मरता कि उसका पुनर्जन्म न हो सके, हाँ, वह भुला अवश्य दिया जाता है। इसलिए, मानव मन सदैव ऐसे उपायों की खोज में लगा रहता है जिससे अपनी धरोहरों को वह सुरक्षित रख सके। अभिव्यक्ति को गोचर रूप देना भी ऐसी ही एक क्रिया है। इसका लक्ष्य है अभिव्यक्ति को भविष्य के लिए सुरक्षित कर लेना ताकि जब आवश्यकता हो उसके मानसी रूप का पुनरुत्पादन किया जा सके।[34] यह पुनरुत्पादन सामाजिक के अन्तर्बोध का रूप भी ले सकता है और कलाकार के अन्तर्बोध का भी (यहाँ, उसका यह कथन स्मरण रखना होगा कि किसी भी पूर्व अभिव्यक्ति को पुनः अभिव्यक्ति बनने के लिए पहले सम्वेदन के स्तर पर उतरना पड़ता है)। तात्पर्य यह कि भौतिक माध्यम में व्यक्त हुई कृति अन्तर्बोधी कलात्मक तथ्य, मूल कलाकृति, की पुनः अन्तर्भावना में सहायक साधन मात्र है। यह इस रूप में भी सहायक होती है कि कला कहलाने वाली मनःसृष्टि को सामाजिक तक सम्प्रेषित किया जा सके। अन्ततः यह रहेगी साधन मात्र ही, इसका कलामूल्य शून्य है।

1.8 कलाकार का वैशिष्ट्य

क्रोचे का मुख्य विषय कला वैशिष्ट्य है, उसे धारण करने की क्षमता रखने वाला कलाकार है। हम देख आये हैं कि सामान्य अन्तर्बोध तथा कलाकृति में परिणत होने वाले अन्तर्बोध में वह गुणात्मक अन्तर स्वीकार नहीं करता, अन्तर केवल उसके परिणाम में है। कला-क्रिया का क्षेत्र अधिक व्यापक होता है बस, उसे अधिक सघन अथवा तीव्र मानने का कोई आधार नहीं है। हाँ, कलाकार जटिल मनःस्थितियों को भी अभिव्यक्त करने की क्षमता रखता है, किन्तु इसी आधार पर कला-क्रिया में कोई गुणात्मक अन्तर भी आ जाता है यह मानने के लिए वह तैयार नहीं है।

इस भूमिका में कला कहलाने वाली अभिव्यक्ति की दो विशेषताओं को रेखांकित किया गया है—वह अधिक व्यापक होती है, अधिक जटिल होती है। इन्हीं दोनों को कलाकार में भी देखा जा सकता है। इस आधार पर यदि कहा जाय कि उसमें व्यापक तथा जटिल अन्तर्बोधों को धारण करने की क्षमता होती है तो यह परिभाषा क्रोचे को मान्य होगी। कलाकार पर की गयी उसकी टिप्पणी इसका प्रमाण है। यह की तो गयी है कृति को गोचर रूप देने के सन्दर्भ में पर इससे कलाकार के व्यक्तित्त्व, उसकी क्षमता, पर भी प्रकाश पड़ता है। उसका निश्चित मत है कि

सौन्दर्य को भौतिक रूप देने के पीछे एक सजग संकल्पात्मक चेतना के दर्शन होते हैं जो किन्हीं विशिष्ट अन्तर्बोधों, अभिव्यक्तियों को सुरक्षित कर लेना चाहती है। कलात्मक मनःसृष्टि किसी संकल्प का परिणाम नहीं होती किन्तु उसकी गोचर अभिव्यक्ति अवश्य होती है। अतः कलाकार में कलारूप कहलाने वाले अन्तर्बोधों को तब तक धारण करने की क्षमता होनी चाहिए जब तक वे किसी भौतिक माध्यम में रूप नहीं ले लेते। साथ ही उसमें वह व्यावहारिक क्रिया करने की भी क्षमता होनी चाहिए जो अन्तर्बोध के विशिष्ट क्षण को, उसके साथ सहयोग करते हुए, बाह्य रूप प्रदान कर सके। इस तरह, रचना-क्षमता के दो पक्ष हुए—एक, व्यापक एवं जटिल अन्तर्बोधों को अन्तस में अधिक काल तक धारण करने की शक्ति; दो, भौतिक माध्यमों का ज्ञान और उन पर अधिकार।[35]

कला के बाह्यीकरण के लिए तकनीकी ज्ञान (माध्यम का कैसे उपयोग किया जाय) उसकी पहली शर्त है। इसकी किंचित् व्याख्या करते हुए वह लिखता है—व्यावहारिक क्रिया के लिए यह ज्ञान अनिवार्य है, इसी की सहायता से कला का पुनरुत्पादन करनेवाले बाह्य उत्तेजकों का सृजन किया जा सकता है। तकनीकी ज्ञान की इस अर्थ में आवश्यकता को देखते हुए कुछ चिन्तक इस निष्कर्ष तक भी पहुँच गये हैं कि आभ्यन्तर अभिव्यक्ति के लिए भी विशिष्ट कलात्मक तकनीक की आवश्यकता होती है। इसे क्रोचे ने नकार दिया है क्योंकि ऐसा करने से सामान्य व्यक्ति के अन्तर्बोध और कलाकार के अन्तर्बोध में गुणात्मक अन्तर को भी स्वीकार करना पड़ेगा जिसके लिए वह तैयार नहीं है।[36]

'कला कहलाने वाले अन्तर्बोध किसी प्रविधि पर निर्भर नहीं करते' क्रोचे की इस स्थापना को निस्संदेह स्वीकार किया जा सकता है किन्तु इसी दिशा में आगे बढ़ते हुए जब वह एक और निष्कर्ष निकालता है तो उसका चिन्तन सन्देहरहित नहीं रह जाता। उसका तर्क है कि अभिव्यक्ति प्रथम ज्ञानात्मक क्रिया है, बौद्धिक ज्ञान व्यावहारिक क्रिया के पहले का ज्ञान है। यह व्यावहारिक क्रिया के पथ को तो प्रकाशित करता है पर स्वयं उससे प्रकाशित नहीं होता। उसका यह वाक्य यदि सीमित अर्थ में लिया जाय कि अन्य संवर्धित क्रियाओं से अन्तर्बोध प्रत्यक्षतः प्रभावित नहीं होता तो सम्भवतः किसी को आपत्ति न हो, किन्तु परोक्षतः भी वह प्रभावित नहीं होता ऐसा मानना चिन्ता का विषय हो जायगा। हो सकता है कुछ कवि उससे सहमत हो जायँ किन्तु कोई चित्रकार यह मानने के लिए तैयार नहीं होगा कि रंगों की प्रकृति का सैद्धांतिक ज्ञान तथा रंग लगाने का अनुभव उसकी चित्र-कल्पना को प्रभावित नहीं करता। और, वह स्वयं भी तो स्वीकार कर आया है कि सामाजिक जीवन के नाना अनुभव कलाकार के व्यक्तित्त्व को समृद्ध करते हैं तथा अन्ततः उसके व्यापक एवं जटिल अन्तर्बोधों में प्रतिफलित भी होते हैं। सच

पूछा जाय तो यह मनोविज्ञान का प्रश्न है और मनोवैज्ञानिकों के लिए ही छोड़ दिया जाय तो उचित होगा।

1.9 सामाजिक एवं कलास्वादन

कला की रचना-प्रक्रिया यदि उसके गोचर रूप पर आ कर पूरी होती है तो इस सच में भी किसी को सन्देह नहीं होना चाहिए कि यह प्रक्रिया सामाजिक निरपेक्ष नहीं है। क्रोचे की यह टिप्पणी अत्यन्त महत्त्वपूर्ण है कि महान् कलाकार सामाजिक को उसका अपना ही अन्तःदर्शन करवाते हैं और इस तरह करवाते हैं कि उस अनुभव के बाद वह स्वयं को ज़्यादा अच्छी तरह समझने लगता है। यह कैसे होता है इस पर विचार करते हुए उसने निष्कर्ष निकाला है कि सामाजिक का कलाकार से प्रकृतिगत साम्य होने के कारण प्रशिक्षण द्वारा उसे इतना सक्षम बनाया जा सकता है कि चिन्तन के क्षणों में कलाकार की भूमि के निकट पहुँच कर व्यापक एवं जटिल बिम्बों को आत्मसात् कर सके। वह मानता है कि दाँते का पाठक व्यवहारतः दाँते नहीं बन सकता किन्तु कुछ क्षण ऐसे अवश्य आ सकते हैं जब कवि के साथ वह आत्मिक एकता का अनुभव करने लग जाय और उसकी सार्वभौम चेतना की अनुगूँज अपने भीतर सुनने लगे। इस अनुभूति की पुनरावृत्ति से उसकी क्षमता का जो उन्नयन होता है वह स्थायी हो जाता है, यही उसकी रुचि का परिष्कार है। कलाकार के व्यक्तित्व में जो स्थान प्रतिभा का है सामाजिक में वही स्थान अभिरुचि का है। प्रतिभा सृजन करती है अभिरुचि आस्वादन (जिसका एक रूप समीक्षा है) करती है। तत्त्वतः दोनों एक हैं।[37]

अभिरुचि प्रतिभा के समकक्ष कैसे है इसे सिद्ध करने के लिए उसने कला-रचना के क्रम को उलट दिया जो व्यवहारतः कलास्वादन बन गया। कला-रचना को उसने चार अवस्थानों में विभाजित किया है, कला का गोचर रूप अंतिम अवस्थान है। कलास्वादन की प्रक्रिया में यही बाह्य उत्तेजक बन जाता है। सामाजिक कृति से प्राप्त सम्वेदनों को चिन्तन का विषय बनाता है और उन बिम्बों के संश्लिष्ट रूप का अन्तर्बोध करता है। यही मूल कला (रचयिता की मनः सष्टि) का पुनरुत्पादन है, प्रथम अभिव्यक्ति की पुनरभिव्यक्ति है। किन्तु, इससे प्राप्त सुखानुभूति कला-रचना के तीसरे क्रम पर आयी सुखानुभूति से प्रकृति में भिन्न नहीं होती। कह सकते हैं कि यह उसी का पुनरुत्पादन है।[38] यह उतनी ही शुद्ध होती है जितनी कलाकार की अनुभूति और उसी की तरह मिश्रित अनुभूतियों से भिन्न। इस तरह, कुछ काल के लिए सामाजिक कलाकार के जीवन को जी लेता है, पारिभाषिक शब्दावली में यही कलास्वादन है।

क्रोचे की कला सम्बन्धी मान्यताओं को हमने संक्षेप में प्रस्तुत किया है। इसमें

कला का स्वरूप निर्धारण तथा अन्य क्रियाओं से इसका भेद निदर्शन उसका मुख्य लक्ष्य रहा है। उत्पादक और उपभोक्ता पर की गयी संक्षिप्त टिप्पणियाँ विवेचन की पूर्णता के लिए हैं। सच पूछा जाय तो वह ज्ञानमीमांसा के अन्तर्गत कला का स्थान सुनिश्चित करना चाहता था। इस दृष्टि से विचार करते समय कला को चेतना के सभी रूपों में आद्य स्थान दे कर उसने कलाशास्त्र को नयी दिशा दी इसमें सन्देह नहीं। किन्तु, अपनी मूल स्थापनाओं के प्रकाश में कतिपय प्रश्नों के उत्तर देते हुए उसने नये प्रश्नों को जन्म भी दिया है। हम उनमें से, कलाशास्त्र की दृष्टि से सर्वाधिक महत्त्वपूर्ण, केवल एक प्रश्न को ले रहे हैं।

1.10 अभिव्यक्ति : सफलता-असफलता के निकष पर

क्रोचे की स्थापना है कि अभिव्यक्ति/कला अपने मानसी रूप में ही पूर्ण हो जाती है। वास्तविक कला भी वही है, उसका गोचर रूप संप्रेषण एवं पुनरुत्पादन में सहायक साधन मात्र है जिसका कोई कला-मूल्य नहीं है। इसकी पुष्टि में उसका दूसरा निर्णायक वाक्य है—अभिव्यक्ति सफल है, पूर्ण है तभी अभिव्यक्ति है अन्यथा नहीं। सुन्दर कहलाने का अधिकार भी केवल सफल अभिव्यक्ति को है। असफल अभिव्यक्ति असुंदर है तथा अभिव्यक्ति कहलाने के योगय नहीं है। कुछ लोग असफल अभिव्यक्तियों की खूबियों की बात करते सुने जाते हैं जिसका अर्थ होना है कि उनके कुछ अंश सुंदर हैं जिनका समग्र के साथ संयोजन नहीं हो पाया है। पूर्ण (पर्फेक्ट) कलाकृति में यह त्रुटि नहीं होती। इससे उसने यह निष्कर्ष निकाला कि असफल अभिव्यक्तियों में कम-अधिक का भेद होता है, पूर्ण अभिव्यक्ति इस भेद से मुक्त रहती है। सारांश यह कि वह अभिव्यक्ति है तो पूर्ण (=सफल) है अन्यथा अभिव्यक्ति ही नही है।[39] दूसरी महत्त्व की बात यह है कि सफल अभिव्यक्ति सदैव एकल होती है।

उपर्युक्त वैचारिक दृष्टि पर ई॰एफ॰ कैरिट की टिप्पणी है कि असुंदर में तरप-तमप का भेद मानना और सुन्दर में नहीं इसका कोई ठोस आधार नहीं दिखायी देता।[40] बिना किसी सशक्त तर्क के ऐसी व्यवस्था देकर उसने पाठकों को दुविधा में डाल दिया है। इससे उबरने का एक ही मार्ग है, या तो वह सुंदर कहलानेवाली सफल अभिव्यक्तियों में भी कम-अधिक का भेद माने अन्यथा अन्तर्बोध और अभिव्यक्ति के तादात्म्य की बलि दे दे। कला-रचना की प्रक्रिया का सन्दर्भ देते हुए वह लिखता है कि इसमें कोई पूर्व निर्धारित लक्ष्य नहीं होता कि तीर उस पर लग गया तो क्रिया सफल अन्यथा असफल। यह चेतना की सृजनशील प्रक्रिया है जिसका वास्तविक स्वरूप उसकी अन्तिम परिणति में स्पष्ट होता है। अन्तिम परिणति का अर्थ यह लिया जाना चाहिए कि कलाकार अनेक विकल्पों पर विचार

करता है, फिर एकाएक उसे लगता है कि जिस अभिव्यक्ति की उसे खोज थी वह मिल गयी है। क्रोचे ने भी इस प्रक्रिया को स्वीकार किया है।[41] अब प्रश्न उठता है कि अभिव्यक्ति सफल है इसका प्रमाण क्या है और इसे कौन देगा? क्रोचे के अनुसार इसका एक ही प्रमाण है, कलाकार को कला-सुख अथवा सौन्दर्य-सुख की अनुभूति। किन्तु, सामाजिक यह कैसे पता लगाये कि उसे अर्थात कलाकार को, सौन्दर्य-सुख मिला या नहीं? दूसरे, कैरिट ने यह तर्क रखा है कि कवि यदि यह अनुभव करता है कि अमुक शब्द-समूह अभीष्ट अभिव्यक्ति के निकट है तो यह क्यों स्वीकार नहीं किया जा सकता कि सफल अभिव्यक्ति/सौन्दर्य में भी कम अधिक का भेद हो सकता है ठीक वैसे ही जैसे असफल अभिव्यक्ति/कुरूपता में होता है।[42] क्रोचे के पास इसका कोई तर्कसम्मत उत्तर नहीं है।[43]

अब दूसरा प्रश्न। अभिव्यक्ति की सफलता का प्रमाणपत्र कौन दे सकता है? रचयिता के मन में क्या उमड़-घुमड़ रहा है यह वही जानता है, दूसरा उसे अभिव्यक्त होने पर ही जान पाता है। इसलिए, अभिव्यक्ति में भीतर से कितना बाहर आया इस विषय पर रचयिता जो कहे उसे स्वीकार करने के अतिरिक्त सामाजिक के पास और कोई उपाय नहीं है। तो चलिए उसी से पूछ लेते हैं। क्रोचे इसी के लिए हमें लियोनार्दो के पास ले गया था, कैरिट कीट्स के पास ले जा रहा है। उसकी रचना 'हाइपीरियन' का प्रथम प्रारूप तैयार हो चुका था, बीच में कुछ व्यवधान आ गया। कुछ काल पश्चात् जब वह उसका पुनर्विलोकन करने बैठा तो उसका पूरा संशोधित संस्करण ही तयार कर डाला। कवि की दृष्टि से यदि इस घटना पर विचार करें तो कहना होगा कि पहला प्रारूप उस समय की सफल अभिव्यक्ति था। किन्तु, दोनों संस्करणों के सामने होने पर क्रोचे कहेगा कि प्रथम असफल अभिव्यक्ति थी, या, अभिव्यक्ति थी ही नहीं। अब ऐसी स्थिति की कल्पना करें जिसमें हमारे सामने केवल पहला संस्करण ही है। क्या क्रोचे तब भी उसे असफल अभिव्यक्ति ही मानेगा?

अब महाकवि जयशंकर प्रसाद का मत भी जान लें।* 'कामायनी' की एक पांडुलिपि उपलब्ध है। प्रकाशित प्रति से उसकी तुलना करने पर स्पष्ट हो जाता है कि अभिव्यक्ति (यहाँ सम्पूर्ण 'कामायनी' के अर्थ में) के सौन्दर्य को निखारने के लिए उन्होंने न केवल कुछ अंश हटाये वरन् कुछ पंक्तियों का [अपनी दृष्टि से] परिष्कार भी किया। एक अनुमान के अनुसार इसका रचना-काल सन् 1927 से ले कर 1935 तक माना गया है। इस बीच उन्होंने भाषा एवं शिल्प में अनेक परिवर्तन किये होंगे। जिन अंशों को हटाया गया है उनके सम्बन्ध में डा. मेघ की टिप्पणी

* यह अंश डा. रमेश कुंतल मेघ की पुस्तक 'मिथक और स्वप्न : कामायनी की मनस्सौंदर्य सामाजिक भूमिका' पर आधारित है।

है कि उनमें भावों और बिम्बों की अभिव्यक्ति रीतिकाल के स्थूल शृंगार का स्मरण कराती है। अपने युग के सांस्कृतिक उदात्तीकरण को देखते हुए उन अंशों को हटाना ही उन्हें उचित लगा। अब, कुछ उदाहरण भाषा-भाव के संस्कार के—

मूल	प्रकाशित
1. बजते थे नूपुर, झंकृत होते कंकण हिलते थे हार... फिर इसी का पारिवर्तित रूप था—कंकण-क्वणित रणित नूपुर से थे हिलते छाती पर हार...	1. कंकण क्वणित, रणित नूपुर थे हिलते थे छाती पर हार... ('चिन्ता' सर्ग)
2. उस रमणी दृश्य में खुलने लगी चेतना की आँखें...	2. खुली उसी रमणीय दृश्य में अलस चेतना की आँखें... ('आशा' सर्ग)
3. हृदय हमारा सीपी सा था तुम उसमें मकरंद बनीं...	3. हृदय बन रहा थ सीपी-सा तुम स्वाती की बूँद बनीं... ('निर्वेद' सर्ग)

इसी तरह, और भी कविताओं तथा अन्य कलाओं से उदाहरण लिये जा सकते हैं। हम, इनसे यह निष्कर्ष भी नहीं निकालना चाहते कि प्रत्येक परिवर्तन श्रेष्ठता की दिशा में ही होता है। कला की प्रथम अभिव्यक्ति के समय रचयिता की जो भी मनःस्थिति रही हो, उस समय जिस रूप से उसे संतुष्टि हुई वही उसका अंतिम रूप बन गया। कालांतर में, पुनर्विलोकन के समय, अभिव्यक्ति के उस अंतिम रूप ने उसमें भाव तो वही जगाया होगा किन्तु सम्भव है कोई नया विकल्प भी ध्यान में आया हो जो पहले नहीं सूझा रहा होगा। और, नया विकल्प यदि अधिक सुंदर प्रतीत हुआ हो तो उसे ग्रहण कर लेना स्वाभाविक रहा होगा। इस सम्बन्ध में कोई भी निर्णय लेने का अधिकार उसे ही है। सामाजिक किन्हीं अन्य आधारों पर उन दोनों संस्करणों का मूल्यांकन भले कर ले किन्तु रचयिता के मनोभावों को जानने का अभिव्यक्ति के अतिरिक्त अन्य कोई साधन उसके पास नहीं है। अतः उचित होगा कि सफलता-असफलता का प्रश्न भी वह उसी पर छोड़ दे और स्वयं यह देखे कि कौन-सी अभिव्यक्ति मूल्यांकन के अन्य मानों पर खरी उतरती है।

अन्त में, प्रतिवेदनस्वरूप यह कहना आवश्यक प्रतीत हो रहा है कि क्रोचे के जिन लेखों का अनुवाद यहाँ दिया जा रहा उन्हें उसने स्वयं अपने सौन्दर्य-चिन्तन का सार कहा है। इन्हें मूलतः राइस इन्स्टिट्यूट के उद्घाटन के अवसर पर पढ़े जाने के लिए सन् 1912 में तैयार किया गया था। संयोग से, कार्यक्रम में वह स्वयं नहीं आ पाया पर इन लेखों को उसमें पढ़ा हुआ अवश्य माल लिया गया। सम्भवतः इसी कारण से इनकी प्रतिपादन शैली यह अपेक्षा रखती है कि पाठक विषय की मूल अवधारणाओं से अवश्य परिचित हों। बिना इस ज्ञान के लेखों में उसके अभिप्राय

को ग्रहण करने में कठिनाई होती है। इसी के निवारण हेतु, या, कहें कि उसके दृष्टिकोण को कुछ और स्पष्ट करने के लिए यह विवेचन हमें भूमिकास्वरूप प्रस्तुत करना पड़ा है। अपने विचारों को यह रूप देते समय क्रोचे इस विश्वास से प्रेरित था कि काव्य तथा कला का गम्भीर अध्ययन करने की वांछा रखनेवाले युवा अध्येता इनसे अवश्य लाभान्वित होंगे। हमें भी विश्वास है कि यह विमर्श क्रोचे को ठीक-ठीक समझने में सहायक होगा। और, इससे आगे बढ़ कर यदि कलाओं में भी उनकी पैठ गहरी होती है तो यह अतिरिक्त लाभ होगा।

सन्दर्भ एवं टिप्पणियाँ

1. सौन्दर्य-मीमांसा, पृ. 118-19
2. अंग्रेज़ी के 'एक्सप्रैशन' शब्द के लिए हिन्दी में 'अभिव्यंजना' शब्द प्रचलित है। आचार्य शुक्ल से लेकर आचार्य देवेन्द्रनाथ तक सब ने इसी का प्रयोग किया है। डा. पाटणकर की पुस्तक में भी यही शब्द आया है। हमें इसकी अपेक्षा 'अभिव्यक्ति' शब्द अधिक उपयुक्त लगता है। इसके दो कारण हैं। पहला यह कि अभिव्यंजना शब्द कान में पड़ते ही शब्द की व्यंजना शक्ति की ओर ध्यान जाता है। अमिधा की अपेक्षा व्यंजना से अर्थ ग्रहण की प्रक्रिया निश्चित ही अधिक जटिल है। साथ ही, उससे काव्य में जो गुणात्मक अन्तर आता है क्या वह क्रोचे को स्वीकार्य है। गुण-धर्म की दृष्टि से उसे छोटी-सी सरल अभिव्यक्ति भी उतनी ही मूल्यवान् लगती है जितनी काव्य कहलानेवाली बड़ी तथा जटिल। आगे इस विषय पर भी विचार किया गया है। दूसरा यह कि सामान्य प्रयोगों में अभिव्यक्ति शब्द जितना प्रचलित है उतना अभिव्यंजना नहीं। उदाहरणार्थ विचाराभिव्यक्ति, भावाभिव्यक्ति, सशक्त अभिव्यक्ति आदि प्रयोगों को लिया जा सकता है। 'अभिव्यंजना' शब्द हम उस कला-आन्दोलन के लिए सुरक्षित रखना चाहेंगे जिसमें मुंक तथा वान गॉग जैसे चित्रकार आते हैं। इसमें तीव्र मनोवेगों की अभिव्यंजना पर बल दिया जाता था।
3. 'एस्थेटिक', पृ. 8
4. 'इंट्युइशन' के लिए हमने 'अन्तर्बोध' शब्द का प्रयोग किया है। आचार्य शुक्ल ने इसके लिए स्वयंप्रकाश ज्ञान, आचार्य देवेन्द्रनाथ शर्मा ने अन्तः प्रज्ञा और डा. पारणकर ने प्रातिभ ज्ञान शब्दों का प्रयोग किया है। 'हिन्दी साहित्य कोश' में सहज ज्ञान शब्द प्रयुक्त हुआ है। ज्ञान शब्द सामान्यतः तर्काश्रित ज्ञान के लिए प्रयुक्त होता है। अतः इसमें सहसा बुद्धि के योग का आभास होना स्वाभाविक है। क्रोचे के लिए 'इंट्युइशन' अनुभव पूर्व (ए प्रायोरी) की स्थिति है। यह ज्ञानात्मक है अवश्य किन्तु बुद्धि का योग इसमें लेशमात्र भी नहीं है, यह उसकी स्थापना है। हाँ, बाद में, यह बौद्धिक ज्ञान का आधार अवश्य बनता है अनुभवपूर्व और अनुभवजन्य ज्ञान में क्रोचे ने जो भेद माना है उसे दर्शाने के लिए ही हमें 'अन्तर्बोध' शब्द अधिक उपयुक्त प्रतीत होता है।
5. 'एस्थेटिक', पृ. 102
6. वही, पृ. 18
7. 'काव्य में अभिव्यंजनावाद', चिन्तामणि, द्वितीय भाग, पृ. 167
8. 'एस्थेटिक', पृ. 1, 22, 23
9. शोपेनहावर (1788-1860) के अनुसार सौन्दर्यानुभूति अनुभवातीत अनुभूति है। यह उस प्रत्यय का निग्रहण है जो अनुभव सिद्ध ज्ञान के सभी रूपों (जैसे इंद्रिय-सम्वेदन, बोध, देश-काल, कारण-कार्य सम्बन्ध आदि) के परे होता है। इन शाश्वत प्रत्ययों को शुद्ध चिन्तन द्वारा ही ग्रहण किया जा सकता है। अनुभव के स्तर पर प्रमाता वस्तु का केवल गोचर रूप ही जान पाता है, उसकी भीतरी मूल सत्ता अनजानी ही रह जाती है। इस सम्बन्ध में उसका तर्क है कि समस्त आनुभाविक ज्ञान प्रमाता और प्रमेय के सम्बन्धों पर आधारित होता है, इंद्रियाँ इसकी सीमाएँ हैं। अतः, प्रमेय की मूल प्रकृति, उसकी

वास्तविकता (जो इंद्रियानुभव की सीमा के परे है) ज्ञान का विषय बनती ही नहीं है। इस मूल सत्ता को ही शोपेनहावर ने संकल्प (विल) कहा है। उसके मत से समस्त विश्व संकल्परूप है।
एक बात और। संकल्प की प्रत्येक क्रिया तत्काल शारीरिक क्रिया बन जाती है। इसे यों नहीं समझना चाहिए कि संकलप-क्रिया और शारीरिक क्रिया कारण-कार्य सम्बन्ध से जुड़ी हुई अलग-अलग क्रियाएँ हैं। शारीरिक क्रिया भी संकल्प-क्रिया ही है किन्तु इस रूप में कि बोध का विषय बन सके। शरीर की प्रकृति के साम्य के आधार पर शोपेनहाबर ने निष्कर्ष निकाला कि समस्त विश्व की वास्तविकता संकल्परूप है।—डा. के.सी. पाण्डे, 'पाश्चात्य काव्यशास्त्र' के आधार पर।

10. 'एस्थेटिक', पृ. 47
11. वही, पृ. 4
12. वही, पृ. 6
13. वही, पृ. 3
14. वही, पृ. 10
15. वही, पृ. 11
16. यूनानी आभिजात्य युग इस विश्वास के लिए प्रसिद्ध है। यहाँ तक कि सुकरात तथा प्लेटो जैसे दार्शनिक भी यह मानते थे कि काव्य-रचना के समय कवि पूरी तरह म्यूज़ (काव्य की देवी) के वश में होता है। इसका एक अर्थ यह भी लिया गया कि सच्चा कवि अचेतनावस्था में ही रचना करता है।
17. 'एस्थेटिक', पृ. 15-16
18. हमारा अनुमान है कि इस सम्बन्ध में क्रोचे ने अपने विरोधियों के तात्पर्य को समझने में भूल की है। वह स्वीकार कर रहा है कि रूप में परिणत होने की योग्यता रखनेवाला उपादान ही इस नाम से पुकारा जा सकता है। अब, इस योग्यता को किसी न किसी रूप में परिभाषित तो करना ही होगा। हमारे मत से सम्वेदनों की अजस्र धारा में से चेतना जब चयन करती है (यह छनने की क्रिया में से गुज़रते हुए संस्कारित होना है) तो उसका केवल एक ही आधार हो सकता है—एकान्विति (यूनिटी) की डोर में बँध सकने की योग्यता। इतनी परख रखना चेतना की प्रकृतिगत क्षमता है। संवेदन यदि इतने भिन्न हों कि एक डोर में बँध ही न सकें तो अन्तर्बोध की स्थिति आयेगी ही नहीं। सम्वेदनों के संस्कारित होने का हम एक ही अर्थ लेते हैं किसी न किसी रूप में एकात्म हो सकने योग्य सम्वेदनों का छँट कर एक हो जाना।
19. प्रतीत होता है इस आपत्ति का सन्दर्भ देते समय उसके सामने प्लेटो का 'गणराज्य' भी था। उसने कला का प्रत्याख्यान दो आधारों पर किया था। पहला, ज्ञान (नित्यरूप) बुद्धिगम्य है और कला इससे त्रिधा अपेत है। ज्ञान देने की क्षमता न होने के कारण काव्य व्यर्थ है। दूसरा, इससे सामाजिक का अन्तस इतने प्रबल भावावेग से आलोड़ित हो उठता है कि ज्ञानी भी अपना संयम खो बैठते हैं।
20. 'एस्थेटिक', पृ. 18
21. वही, पृ. 19
22. वही, पृ. 20-21
23. आधुनिक सौन्दर्यशास्त्र में कांट के 'क्रिटिक ऑफ़ जजमेंट' के प्रकाश में आने के बाद निष्काम भाव (इसे उदासीनता का समानार्थी नहीं समझना चाहिए) को सौन्दर्यबोधात्मक चित्तवृत्ति का सामान्य लक्षण माना जाने लगा है। उसकी स्थापना थी कि सौन्दर्यानुभूति न तो आचार-नीति से न वैज्ञानिक अवधारणाओं से शासित होती है। इसे ऐंद्रिय सम्वेदन अथवा जैव क्षुधा भी नहीं कहा जा सकता। इन सभी में काम तत्त्व छिपा रहता है। इसे अनुकूलता (एग्रीयेबलनेस) भी नहीं कहा जा सकता क्योंकि व्यक्तिनिष्ठ होने के नाते इसकी सीमा संकुचित होती है जब कि सौन्दर्य में सामान्य (यूनिवर्सल) होने का भाव मुख्य है।

कांट के चिन्तन को और आगे बढ़ाते हुए एडवर्ड बुलो ने सन् 1912 में 'मानसी अन्तराल' की उपपत्ति प्रस्तुत की। इसके अनुसार 'मानसी अन्तराल' एक प्रकार का संतुलन है। इसमें एक ओर सुन्दर वस्तु का व्यावहारिक आवश्यकताओं अथवा प्रयोजनों से विच्छेद होता है तो दूसरी ओर यह विच्छेद ही मानसी अन्तराल (प्रमेय को आत्मनिष्ठ भाव से न देखना) बन जाता है। इस दूरी का धन पक्ष यह है कि प्रमाता अपनी ही मनःस्थितियों को विषयाश्रित करने में सफल होता है। चिंतन की इस स्थिति में प्रमाता अपनी ही भावनाओं को स्व-विकार के रूप में न देख कर प्रमेय के लक्षणों के रूप में देखने लगता है।

24. प्रतीत होता है, यह वाक्य लिखते समय क्रोचे के मानस पटल पर अरस्तू के आवश्यकता और सम्भाव्यता के नियम थे। इतिहास से काव्य का भेद दर्शाने के लिए ही अरस्तू ने इन नियमों का आश्रय लिया था।
25. इस शब्द का प्रथम प्रयोग भरत मुनि के 'नाट्य शास्त्र' में मिलता है। सप्तम् अध्याय के आरम्भ में ही इस पर विचार करते हुए उन्होंने लिखा है--जो अर्थ विभावों के द्वारा प्रस्तुत हो कर अनुभावों के वाचिक, आंगिक एवं सात्त्विक अभिनयों के द्वारा प्रतीति योग्य बनता है वह भाव कहलाता है। अर्थात् इनसे काव्यार्थ का 'भावन' होता है जब कि व्यावहारिक जीवन में जो कुछ भी होता है वह 'भवन' कहलाता है दूसरी बात यह कि उक्त काव्यार्थ अनुभूतिस्वरूप होता है।
26. इसके उदाहरणस्वरूप हम निराला जी की 'सरोज स्मृति' कविता को ले सकते हैं।
27. काथार्सिस पर विशेष जानकारी के लिए देखिये--कृष्ण लाल शर्मा, यूनानी आभिजात्य चिन्तन, पृ. 397-432
28. 'एस्थेटिक', पृ. 96
29. वही, पृ. 50-1
30. 'एन्साइक्लोपीडिया ब्रिटानिका' में संकलित लेख से।
31. 'एस्थेटिक', पृ. 79
32. 'राजनीतिशास्त्र', पु. VIII, अ. III, 1338 अ
33. 'एस्थेटिक', पृ. 80
34. वही, पृ. 97-7
35. वही, पृ. 111
36. वही, पृ. 112
37. वही, पृ. 120-21
38. वही, पृ. 97
39. वही, पृ. 79
40. 'दि थियेरी ऑफ़ ब्यूटी' पृ. 216-17
41. 'एस्थेटिक', पृ. 118
42. हमारे मत से सफल और असफल का भेद वस्तुतः सकारात्मक और नकारात्मक दृष्टिकोण का अन्तर है। क्रोचे को घड़ा आधा खाली नज़र आ रहा है और कैरिट को आधा भरा हुआ।
43. क्रोचे ने रचना-प्रक्रिया को कवि के सन्दर्भ में परखा है, पर उसने इस ओर ध्यान नहीं दिया कि कवि के लिए मन ही मन शब्द-समूहों के औचित्य-अनौचित्य पर विचार कर सटीक अभिव्यक्ति पर पहुँचना जितना सरल होता है उतना चित्रकार, मूर्तिकार अथवा वास्तुकार के लिए नहीं होता। यह माध्यम की प्रकृति पर निर्भर करता है कि अन्तःसृष्टि में उसका उपयोग करते हुए किसी निर्णय पर पहुँचना सरल है या कठिन।

'सौन्दर्यशास्त्र का सार'

(अविकल अनुवाद)

कला क्या है?

'कला क्या है'? इस प्रश्न के उत्तर में परिहासपूर्वक (और यह कोई छिछला परिहास नहीं होगा) कहा जा सकता है जिस रूप में इसे हर कोई जानता है वही कला है। वस्तुतः लोग यदि एक सीमा तक यह न जानते होते कि कला क्या है तो उपर्युक्त प्रश्न पूछना ही असंभव होता क्योंकि हर प्रश्न के पीछे उस विषय की, जिसके बारे में प्रश्न पूछा जा रहा है, थोड़ी-बहुत जानकारी छिपी होती है। चूँकि प्रश्न में ही उस विषय का संकेत मिल जाता है इसलिए वह ज्ञात भी है और विशेषित भी। प्रमाणस्वरूप एक सामान्य तथ्य लें। यदा-कदा साधारण व्यक्ति भी, जो व्यवसाय से न दार्शनिक होता है न सिद्धान्तज्ञ, कला के सम्बन्ध में बड़े गहरे विचार व्यक्त कर जाता है। यही बात वाग्विदग्ध, आम आदमी, या, तर्क में रुचि न रखने वालों के लिए भी कही जा सकती है। ये विचार कभी किसी विशिष्ट कलाकृति के मूल्यांकन के रूप में व्यक्त होते हैं और कभी सूक्तियों या परिभाषाओं के रूप में। अतः इस सम्भावना में विश्वास किया जाने लगा है कि किसी भी अभिमानी दार्शनिक के सामने सस्ती पुस्तकों से लिये गये वाक्यांशों, अथवा, दैनंदिन भाषा में प्रयुक्त कथन प्रस्तुत कर उसे यह कह कर लज्जित किया जा सकता है कि कला-प्रकृति सम्बन्धी जिस खोज की तुम बड़ी डींग हाँकते हो वह तो इनमें पहले से ही विद्यमान है और, उस दार्शनिक को यदि सचमुच यह भ्रम हो रहा हो कि उसने विश्वजनीन मानव चेतना में अपने सिद्धांतों द्वारा एक मौलिक, इस चेतना के लिए अब तक एकदम अनजाने विचार का योग दिया है, अथवा, एक नया संसार ही उसके सामने ला रखा है तो उसका लज्जित होना ठीक ही होगा। किन्तु, वह बिना लज्जित हुए अपने रास्ते पर आगे बढ़ता ही जाता है क्योंकि वह जानता है कि 'कला क्या है?' यह प्रश्न (सत्य की प्रकृति से सम्बन्धित प्रत्येक प्रश्न, अथवा, सामान्यतः ज्ञान से सम्बन्धित किसी भी प्रश्न की भाँति) भाषा के प्रयोग की विशेषता के कारण यद्यपि ऐसा दीखता है मानों इसने समस्या को उसकी सम्पूर्णता में बाँध लिया है एवं उसके प्रथम तथा अंतिम समाधान के लिए कटिबद्ध है, फिर भी सदैव की भाँति इसका अर्थ मर्यादित है और इसमें वे कठिनाइयाँ भी संकेतित हैं जो चिंतन के इतिहास के किसी विशिष्ट

कालखण्ड में पर्याप्त महत्त्वपूर्ण होती हैं। सत्य सचमुच एक सामान्य वस्तु है जो फ्रांसिसी कहावत में संकेतिस प्रेत छाया की तरह कहीं भी सड़क पर घूमते हुए मिल सकता है, अथवा, आलंकारिकों द्वारा स्वीकृत अलंकारों के राजा 'रूपक' की तरह है जिसे मोंतेन्य ने अपनी नौकरानी की बातों में खोज निकाला था। किन्तु, नौकरानी ने जो रूपक प्रयुक्त किया था वह अपनी भावनाओं को व्यक्त करने की उसकी तात्कालिक समस्या का एक समाधान था। इसी कारण हम यह मानते हैं कि कला-प्रकृति से सम्बन्धित जो वाक्य प्रति दिन, इच्छा या अनिच्छा से, हमारे कान में पड़ जाते हैं वे वस्तुतः बोलनेवाले की काल विशेष से सम्बद्ध युक्ति संगत समस्याओं का समाधान होते हैं। ध्यान रहे ऐसा आदमी व्यसाय से दार्शनिक न होते हुए भी मनुष्य होने के नाते एक सीमा तक दार्शनिक होता है। और, जैसे नौकरानी द्वारा प्रयुक्त रूपक जिस भाव-लोक को व्यक्त करता है वह एक कवि के भाव-लोक की अपेक्षा बहुत छोटा और फूहड़ होता है उसी तरह हमें यह भी मान लेना चाहिए कि सामान्य व्यक्ति जिस समस्या को सुलझाता है वह दार्शनिक की समस्या की तुलना में छोटी होती है। दोनों स्थितियों में 'कला क्या है' के उत्तर समान प्रतीत हो सकते हैं किन्तु वस्तु-तत्त्व की अर्थवत्ता (वैचारिक सम्पन्नता) की दृष्टि से वे भिन्न होंगे। सच्चे दार्शनिक के सामने यह समस्या होती है कि उस समय तक के इतिहास में कला की प्रकृति को लेकर जितने भी प्रश्न उठे हैं उनका उचित समाधान ढूँढ़े। दूसरी ओर, एक सामान्य व्यक्ति बहुत छोटे दायरे में जीवन यापन करता है। उसके लिए उस संकुचित सीमा के बाहर जाना अशक्य होता है। इसका ठोस प्रमाण उस चिरंतन सुकरातीय पद्धति में मिल जाता है जिसके अनुसार ज्ञानी व्यक्ति तो बड़ी सरलता से एक के बाद दूसरा प्रासंगिक प्रश्न पूछता जाता है, पर कम जानकारी रखने वाला अच्छी शुरुआत के बावज़ूद थोड़ी ही देर बाद किंकर्तव्यविमूढ़ स्थिति में मुँह बाए खड़ा रह जाता है। तथा, अन्त में, कम ज्ञान होने के कारण विवेचन प्रक्रिया में जब वह हारने लगता है तो पीछे हटते हुए उसका एक ही वाक्य होता है—'जटिलताएँ' मेरी रुचि के अनुकूल नहीं हैं।

दार्शनिक का अभिमान उसके प्रश्नों और उत्तरों की गंभीरता पर निर्भर करता है। इस अभिमान के साथ यह विनम्र भाव भी जुड़ा होता है कि यद्यपि उसका क्षेत्र अधिक व्यापक है, अथवा, एक विशिष्ट कालखंड में व्यापकतम है, फिर भी वह उस काल की ऐतिहासिक सीमाओं में बँधा है इसी लिए उसे पूर्णतम अथवा अंतिम समाधान नहीं कहा जा सकता। होता यह है कि हमारे बाह्य जीवन में न केवल नयी-नयी समस्याएँ बढ़ती जाती हैं वरन् पुरानी समस्याएँ भी नये सिरे से उठती जाती हैं। फलस्वरूप, पुराने समाधान एकदम झूठे तो नहीं पड़ जाते हाँ, अपर्याप्त अवश्य हो जाते हैं। उनका एक अंश तो उन सत्यों से सम्बद्ध होता है जो तब तक पूरी

तरह समझ में आ गये होते हैं तथा शेष पर पुनः विचार करने तथा उसे नयी समस्याओं से जोड़ने की आवश्यकता पड़ जाती है। किसी भी व्यवस्था की तुलना एक ऐसे मकान से की जा सकती है जिसके बनने और सजावट का काम पूरा हाते ही उसकी मरम्मत के लिए फिर से मजदूर लगा देने पड़ते हैं (क्योंकि उसके घटक उसे भीतर ही भीतर कमज़ोर करते जाते हैं) और एक समय ऐसा आता है जब मरम्मत करने या थूनी लगाने से काम नहीं चलता। तब पूरा मकान गिरा कर नये सिरे से बनाने का आवश्यकता पड़ जाती है। इस तुलना में एक बात अति विशिष्ट है कि चिन्तन जगत् में नया मकान पुराने के सहारे ही खड़ा होता है। इसे चमत्कार ही कहा जाना चाहिए कि पुराना नये के भीतर बना रहता है। इस चमत्कार से अनभिज्ञ व्यक्ति, चाहे वे सामान्य हों अथवा विशेष ज्ञानी, पुनः रचना की क्रिया से अत्यंत भयभीत रहते हैं जिससे वे दर्शनशास्त्र के विरोध में लगातार आपत्ति उठाते रहते हैं कि वह (दर्शनशास्त्र) हमेशा अपना किया-कराया व्यर्थ कर देता है, या, यह कि इस क्षेत्र में एक विचारक हमेशा दूसरे का विरोध करता है। किन्तु, निर्माण, ध्वंस तथा पुनः निर्माण की प्रक्रिया अकेले दर्शनशास्त्र में ही नहीं होती। मनुष्य हमेशा ही मकान तोड़ता आया है, नया बनाता आया है। नया वास्तुकार अपने से पहले के वास्तुकारों को नकारता आया है, तो क्या मकानों के बनने और फिर तोड़े जाने तथा वास्तुकारों के परस्पर विरोध से यह निष्कर्ष निकाला जाना चाहिए कि मकानों को बनाना ही व्यर्थ है।

दार्शनिक के उत्तर गम्भीर होते हैं, यह एक सबल पक्ष है। किन्तु, उनके दोष भी उतने ही गम्भीर होने का भय रहता है। साथ ही उनमें बहुधा उस अभिजात सुरुचि की कमी होती है जो उच्च सांस्कृतिक स्तर की होने के कारण यदा कदा निंदनीय होने पर भी घृणा और उपहास के साथ-साथ गुप्त ईर्ष्या तथा प्रशंसा की वस्तु होती है। सामान्य व्यक्तियों के मानसिक संतुलन तथा दार्शनिकों के अतिवाद में परस्पर विरोध का यही कारण हैं। बहुत से लोग इसी को बार-बार रेखांकित कर खुश हो लेते हैं। उदाहरणार्थ, साधारण बुद्धिवाला कोई आदमी कभी यह नहीं कह सकता कि कला यौन सहजवृत्ति (इन्सटिंक्ट) का प्रतिबिम्ब है, अथवा, यह इतनी हानिकर है कि इसे सुव्यवस्थित गणराज्यों से बहिष्कृत करना ही उचित है। फिर भी ऐसी मूर्खतापूर्ण बातें कही गयी हैं और बड़े-बड़े दार्शनिकों द्वारा कही गयी हैं। सामान्य बुद्धिवाले व्यक्ति का भोलापन वस्तुतः उसकी बुद्धिहीनता है, आदिम जीवन की सरलता है। और, यद्यपि, बहुधा उस आदिम जीवन की ओर लौट चलने की उत्कंठा प्रकट की जाती है तथा सामान्य विवेक को दर्शनशास्त्र से बचा लेने के सुझाव भी दिये जाते हैं किन्तु यह निश्चित है कि चेतना अपने विकास में सभ्यता के इन खतरों का साहस के साथ सामना करती है और थोड़े समय के लिए विवेक की हानि

भी झेल लेती है। कला के क्षेत्र में सत्य की खोज में एक दार्शनिक को इन विभ्रम भरे रास्तों से हो कर गुजरना ही पड़ता है। वस्तुतः, इस भूल-भुलैया में से ही उसे सही रास्ता मिलता है।

पूर्ण विभ्रम अचिंत्य है, इसलिए उसका अस्तित्व भी नहीं है। यह तथ्य विभ्रम और सत्य के घनिष्ठ सम्बन्ध को स्थापित करता है। विभ्रम के दो पक्ष हैं--एक, जो मिथ्या को स्वीकार करता है, दूसरा, जो उसे नकारता है। यह विधि-निषेध का संघर्ष है जिसे विसंगति कहते हैं। इसलिए, सामान्य परीक्षण से त्रुटिपूर्ण सिद्ध हो गये सिद्धान्त की जब विशेष परीक्षा की जाती है तो उसकी त्रुटि से ही सत्य-सिद्धान्त की प्राप्ति भी होती है जो एक प्रकार से उस त्रुटि से विकसित भी होता है। फलतः कला को केवल यौन सहजवृत्ति घोषित कर देन वाले लोग अपने सिद्धान्त की परिपुष्टि के लिए ऐसे तर्क तथा चिन्तन का आश्रय लेने को विवश होते हैं जो कला और यौन सहजवृत्ति को एक करने के बजाय अलग-अलग करते हैं। इसी तरह, पूर्ण व्यवस्थित गणराज्य से काव्य को बहिष्कृत करने वाला व्यक्ति भी, वस्तुतः, ऐसा कर नहीं पाता और स्वयं नये ढंग के तथा उदात्त काव्य की रचना करता है। इतिहास में ऐसे कालखंड आये हैं जब भोंडे और विकृत कला-सिद्धान्तों का बोलबाला रहा है, किन्तु उन कालखण्डों में भी मनुष्य ने स्वभावतः रूप-कुरूप में स्पष्ट भेद किया है और विशेष कृतियों के सन्दर्भ में शुद्ध सिद्धान्त को भुला कर विषय पर सूक्ष्मता से विचार किया है। विभ्रम किसी न्यायाधीश के द्वारा नहीं स्वयं ही निंदित होता है।

विभ्रम के साथ घनिष्ठ सम्बन्ध के कारण सत्य की प्रतिष्ठा एक निरन्तर संघर्षपूर्ण प्रक्रिया है जिसके द्वारा वह विभ्रम के भीतर ही उससे मुक्त होने का प्रयास करता रहता है। इस स्थिति से एक और पावन किन्तु असम्भव आकांक्षा जन्म लेती है कि सत्य बिना किसी ऊहापोह या विवाद के सीधे-सीधे व्यक्त होना चाहिए। वह अपने मार्ग पर बिना किसी व्यवधान के राजगति से आगे बढ़े मानों यह शोभा-यात्रा ही सत्य का उचित प्रतीक है उस सत्य का जो स्वयं एक विचार है और एक विचार होने के कारण सदैव क्रियाशील है। यह ठीक है कि आज तक कोई भी सत्य को उससे सम्बद्ध समस्या के विभिन्न समाधानों की आलोचना किये बिना व्यक्त नहीं कर पाया है। मामूली से मामूली दार्शनिक लेख, छोटी से छोटी टीका या शास्त्रीय प्रबन्ध ऐसा नहीं है जिसके शुरू में ही अथवा सम्पूर्ण कलेवर में दूसरों की उन धारणाओं का उल्लेख न किया गया तो जिनका खंडन करना उसका इष्ट होता है। ये धारणाएँ इतिहास प्रदत्त भी हो सकती हैं और स्वयं उद्भावित भी। इन धारणाओं को चाहे जितने अव्यवस्थित ढंग से, या, यों ही सनक में आ कर प्रस्तुत किया गया हो फिर भी उससे यह कामना अवश्य प्रकट हो जाती है कि उस कालखण्ड तक समस्या के इतिहास प्रदत्त अथवा स्वयं उद्भावित जितने भी समाधान सम्भव हुए हैं

उन पर विचार कर लेना आवश्यक है और नया समाधान ऐसा होना चाहिए जिसमें पहले के सभी समाधान समाहित हों।

यह कामना पूर्णतया तर्कसम्मत है तथा प्रत्येक चिन्तन में अन्तर्निहित होने के कारण किसी भी परिस्थिति में उससे अलग नहीं की जा सकती। ध्यान रहे इसमें और व्याख्या के सुनिश्चित साहित्यिक रूप में अन्तर है अन्यथा हम भी उसी पंडिताऊपन के शिकार हो जायेंगे जिसके लिए मध्ययुगीन टीकाकार और 19वीं शती के हीगलीय परम्परा के तार्किक प्रसिद्ध हैं। इस पंडिताऊपन का रूपवादी मिथ्याधर्म से घनिष्ठ सम्बन्ध है और इसका विश्वास है कि दार्शनिक व्याख्या का बहिरंगी और यान्त्रिक होना उसका एक विशिष्ट अद्‌भुत गुण है। संक्षेप में कहना यह है कि हम इसके क्षणिक रूप की अपेक्षा स्थायी सार-रूप को समझें, बाह्य रूप की अपेक्षा आत्मा पर ध्यान दें और अपने विचारों को देश, काल और पात्र के अनुसार स्वतन्त्रतापूर्वक व्यक्त करें। कला-समस्याओं पर सही दिशा में सोचने के लिए मार्गनिर्देशन करनेवाले इन व्याख्यानों में मैं कला सम्बन्धी छोटी से छोटी से लेकर बड़ी से बड़ी भ्रान्त धारणाओं से मुक्ति की पूर्ण प्रक्रिया का वर्णन नहीं करूँगा (अन्यत्र भी मैंने इस लोभ का संवरण किया है)। इससे मेरे पाठकों का कुछ भार कम हो जाएगा, किन्तु यदि वे फिर से इस क्षेत्र का अवलोकन करेंगे या उसके भी किसी एक भाग को गहराई से परखेंगे तो उस भार को उन्हें फिर से ढोना पड़ेगा।

अब हम फिर से उसी प्रश्न पर आते हैं जिसके लिए यह पूर्वपीठिका अनिवार्य थी (अनिवार्य मैं इसलिए कह रहा हूँ ताकि मेरी बात किसी भी प्रकार के छल या व्यर्थता के कलंक से मुक्त रह सके)। प्रश्न है कि कला क्या है? मैं तत्काल सीधे-सीधे ढंग से कहूँगा कि कला अन्तर्दर्शन (विज़न) या अन्तर्बोध (इंटयुइशन) है। कलाकार एक बिम्ब अथवा इन्द्रजाल का सृजन करता है; और जो उसका आनन्द उठाता है वह अपनी दृष्टि कलाकार द्वारा संकेतित बिन्दु पर केन्द्रित कर या कलाकार द्वारा खोले गये झरोखे में से उसे देख कर अपने भीतर उस बिम्ब का पुनः निर्माण करता है। 'अन्तर्बोध', 'अन्तर्दर्शन', 'निदिध्यासन' (कॉटेंप्लेशन), 'कल्पना', 'मन की उड़ान' (फ़ैन्सी), 'आकार-रचना' (फिगरेशन), 'प्रतिरूपण' (रिप्रेज़ेंटेशन) आदि शब्द कला पर चर्चा करते समय बार-बार पर्यायवाची शब्दों की तरह प्रयुक्त होते हैं। ये सब मन को एक अन्तःक्षेत्र की ओर ले जाते हैं जो एक सामान्य सहमति का द्योतक है।

'कला एक अन्तर्बोध है' मेरे इस उत्तर की शक्ति और सार्थकता इस बात में है कि इसमें जिन बातों का खंडन निहित है उनसे यह कला को अलग भी करता है। प्रश्न है कि इसमें कौन-कौन से निषेध निहित हैं? मैं इनमें से उन्हीं मुख्य निषेधों की ओर इंगित करूँगा जो हमारी वर्तमान संस्कृति में अत्यन्त महत्त्वपूर्ण हैं।

मेरा उत्तर सबसे पहले इस बात का निषेध करता है कि कला एक भौतिक तथ्य हैः उदाहरणार्थ, विशिष्ट रंग या उनके परस्पर सम्बन्ध, कुछ निश्चित वस्तुओं के आकार, कुछ विशिष्ट ध्वनियाँ या उनके परस्पर सम्बन्ध ताप या बिजली के दृष्ट रूप आदि, अर्थात् भौतिक कहलाने वाली हर वस्तु। कला को भौतिक रूप में समझने की भूल चिन्तन के धरातल पर पहले से ही होती आ रही है। छोटे बच्चे साबुन के बुलबले को छू लेने के बाद जैसे इनद्रधनुष को भी छू लेने की इच्दा रखते हैं ठीक उसी तरह मानव मन भी सुन्दर वस्तुओं की प्रशंसा करते हुए तत्काल सहज भाव से बाह्य प्रकृति में उनके सौन्दर्य के कारणों की खोज करने लगता है, साथ ही यह भी विश्वास करने लगता है या सिद्ध करने का प्रयास करता है कि सुन्दर-असुन्दर का सम्बन्ध केवल रंग-रूप से ही होता है अथवा होना चाहिए। चिन्तन के इतिहास में ये प्रयास कई अवसरों पर बड़ी सूझ-बूझ से विधिवत् किये गये हैंः शारीरिक सौन्दर्य के लिए अंकों व ध्वनियों के गणितीय एवं रेखागणितीय सम्बन्धों पर विचार कर नियम निश्चित करनेवाले यूनानियों से लेकर 19वीं शती के सौन्दर्यशात्रियों (जैसे फ़ेखनर) की खोजों तथा दार्शनिक, मनोवैज्ञानिक एवं प्रकृति-विज्ञान की सभाओं में कलाओं और भौतिक घटनाओं के परस्पर सम्बन्धों पर एतत्सम्बन्धी विशेष ज्ञान न रखनेवाले चिन्तकों द्वारा प्रस्तुत लेखों तक ऐसे अवसर कई बार आये हैं। और, अगर यह पूछा जाय कि कला एक भौतिक तथ्य क्यों नहीं हो सकती तो उत्तर में सबसे पहले हम यह कहेंगे कि भौतिक तथ्यों की कोई सत्ता नहीं होती तथा कला, जिसकी साधना में कई लोग पूरा जीवन समर्पित कर देते हैं और जो सबके अन्तस को दिव्य आननद से भर देती है, एक अन्यतम सत्ता है। अतः कला भौतिक तथ्य, जो स्वयं ही अवास्तविक है, कैसे हो सकती है। यह बात प्रथम दृष्ट्या लोकविरुद्ध लगती है क्योंकि सामान्य व्यक्ति को भौतिक जगत् से अधिक ठोस तथा विश्वसनीय और कुछ भी प्रतीत नहीं होता, परन्तु हमारे जैसे शोधार्थियों को पूर्ण रूपेण उचित तर्क के स्थान पर किसी दुर्बल तर्क को इसलिए नहीं अपना लेना चाहिए कि पहले वाला सतही तौर पर झूठा प्रतीत होता है। सत्य में निहित विचित्रता तथा कठिनाई को पार करने एवं उसे सहज रूप से ग्रहण करने में हमारी सहायता यह तथ्य कर सकता है कि भौतिक जगत् की अवास्तविकता को न केवल दार्शनिकों ने स्वीकारा है वरन् निःसंदिग्ध रूप से सिद्ध भी किया है (विशेषतः उन दार्शनिकों ने जो निपट भौतिकवादी नहीं हैं तथा जो भौतिकवाद के स्पष्ट दिखलायी देने वाले अन्तर्विरोधों में नहीं उलझे हैं), और उनके साथ-साथ कतिपय अन्य भौतिकशास्त्री भी जब भौतिक विज्ञान व सहज दार्शनिकता का मेल बैठाने का प्रयास करने लगते हैं तो इसी ओर संकेत करते दिखायी देते हैं। उदाहरणार्थ उनका यह विचार लिया जा सकता है कि भौतिक घटनाएँ अनुभवातीत सिद्धान्तों, अथवा, अणुओं या आकाश तत्त्व का उत्पाद

हैं, अथवा, किसी अज्ञात सत्ता का प्रकाशित रूप हैं। इसके अतिरिक्त, इन भौतिकवादयों का भूत तत्त्व स्वयं एक भूतातीत सिद्धान्त है। इस तरह, भौतिक तथ्य एक सत्ता के रूप में स्वयं को अभिव्यक्त नहीं करते वरन् अपने अन्तर्निहित नियमों तथा सह-मति (जिस पर सब लोग सामान्यतः एकमत हों) के आधार पर विज्ञान के प्रयोजनार्थ हमारी प्रज्ञा द्वारा रचित विधान के रूप में व्यक्त होते हैं। अतः, 'कला एक भौतिक तथ्य है क्या?' इस प्रश्न का तर्कसम्मत रूप यह होना चाहिए कि 'क्या कला की भौतिक संरचना सम्भव है?' प्रश्न का यह रूप निश्चित ही सम्भव है और व्यवहार में हम बहुधा ऐसा करते भी हैं। जैसे, कवि के भावार्थ और उसके रस को ग्रहण करने के स्थान पर कभी-कभी कविता के शब्दों की गिनती करने लग जाते हैं और उन्हें अक्षरों तथा वर्णों में बाँटने लग जाते हैं; मूर्ति की सौन्दर्यानुभूति की उपेक्षा कर उसे तौलने या मापने लग जाते हैं जो वस्तुतः उसको पैक करनेवालों का काम है। इसी तरह, अक्षरें की गिनती करना भी वस्तुतः छापेखाने के कॉम्पोज़ीटरों के मतलब का काम है। कला के चिन्तकों तथा विद्यार्थियों के लिए यह भटकाव व्यर्थ तथा नियम विरुद्ध है। यों देखें तो इस दूसरे अर्थ में भी कला भौतिक तथ्य नहीं है। दूसरे अर्थ से तात्पर्य है कि जब हम कला की प्रकृति या कार्य-प्रणाली को समझना चाहते हैं तो इसकी भौतिक संरचना का हमारा प्रयास वस्तुतः कोई अर्थ नहीं रखता।

'कला एक अन्तर्बोध है' इस परिभाषा में एक अन्य निषेध भी निहित है। कला यदि अन्तर्बोध है और अन्तर्बोध चिन्तन-मनन के मूल अर्थ में ज्ञान का समानार्थी है तो यह उपयोगिताधर्मी कार्य नहीं हो सकता। उपयोगिताधर्मी कार्य सदैव सुख की प्राप्ति और दुःख को दूर रखने के उद्देश्य से किया जाता है। इस दृष्टि से कला की मूल प्रकृति पर विचार करें तो उपयोगिता तथा सुख-दुःख से इसका कोई सम्बन्ध नहीं ठहरता। यह बड़ी सरलता से समझा जा सकता है कि सुख चाहे किसी भी तरह का हो स्वयं में कलात्मक नहीं होता। जैसे, पानी पीकर प्यास के बुझने से मिलने वाला सुख, या उस हवाखोरी से मिलनेवाला सुख जिससे हमारे हाथ-पाँव खुल जाते हैं और खून का दौरा ठीक हो जाता है, या, हमें ऐसा पद मिल जाना जिसकी हमने बहुत दिनों से आकांक्षा की हो और जिससे हमारे व्यावहारिक जीवन में स्थिरता आ गयी हो, तथा इसी प्रकार की बहुत सी बातें कलात्मक नहीं हैं। अन्त में, कला और सुख के अन्तर को वे सम्बन्ध भी उजागर कर देते हैं जो कलाकृतियों और हमारे बीच पनपते हैं। उदाहरण के लिए, एक चित्र बहुत भद्दा होने पर भी हमें इसलिए प्रिय हो सकता है कि वह हमारे किसी प्रिय व्यक्ति का है और उसे देख कर हमारे मन में अनेक सुखद स्मृतियाँ जाग उठती हैं। अथवा, चित्र सुन्दर हो सकता है किन्तु उसमें अंकित व्यक्ति हमारे लिए घृणास्पद हो सकता है। या, ऐसा चित्र जिसे हम

सुन्दर तो मानते हैं किन्तु जिसे देख कर हम क्रोध या ईर्ष्या से इसलिए भर उठते हैं क्योंकि वह हमारे शत्रु अथवा प्रतिस्पर्धी द्वारा बनाया गया है तथा जिससे उसे धन एवं नयी शक्ति दोनों की प्राप्ति हुई होगी। हमारे सुख-दुःखात्मक स्वार्थ यदा-कदा कला से मिल कर हमें भ्रम में भले डाल दें किन्तु वे हमारी सौन्दर्यबोधी रुचि से कभी एकाकार नहीं हो पाते। हाँ, यदि कला की सुखवादी परिभाषा पर बल देना ही हो तो कहना पड़ेगा कि कला से प्राप्त सुख सामान्य नहीं विशिष्ट प्रकार का होता है। किन्तु, ऐसी मर्यादा बाँधने से हम सुखवादी दृष्टिकोण का समर्थन नहीं वरन् खंडन कर रहे हैं। एक बार यह मान लेने पर कि कला से प्राप्त सुख एक विशिष्ट प्रकार/वर्ग का है कला की इस विशेषता को सुख के सामान्य रूप से परिभाषित नहीं किया जा सकता, बल्कि देखना होगा कि कलागत सुख इस प्रकार की अन्य अनुभूतियों से किन-किन बातों में भिन्न है। दूसरे शब्दों में, हमें सुख देनेवाले या न देनेवाले स्रोतों के स्थान पर कला के सुख को विशिष्टता प्रदान करनेवाले तत्त्व पर अधिक ध्यान देना होगा। कला को सुखवादी परिभाषा में बाँधनेवाले सिद्धान्त की एक विशिष्ट संज्ञा (हैडोनिस्टिक एस्थेटिक = सुखवादी सौन्दर्यशास्त्र) है और कलाशास्त्र के इतिहास में इसके विकास की दीर्घ एवं जटिल परम्परा है। यह यूनानी-रोमी (ग्रेको-रोमन) काल में, प्रस्फुटित हुई, 18वीं शताब्दी में इसका वर्चस्व रहा, 19वीं शताब्दी के उत्तरार्ध में नया रूप ले कर पुनः सशक्त हो कर उभरी और आज भी सौन्दर्यशास्त्र का अध्ययन आरम्भ करनेवाले ऐसे अध्येताओं में पर्याप्त लोकप्रिय है जो कला के सुखदायी चाकचक्य के प्रभाव में आ जाते हैं। यह सिद्धान्त इतने लम्बे समय तक इसी लिए जीवित रहा है क्योंकि समय-समय पर यह किसी न किसी प्रकार के सुख को, अथवा एक ही समय में अनेक प्रकार के सुखों को (जैसे, उच्च स्तरीय इन्द्रियों का सुख, क्रीड़ा का सुख, अपनी ही शक्ति की चेतना का सुख अथवा आलोचना का सुख आदि) कला से जोड़ता रहा है; अथवा, सुख के साथ अन्य तत्त्वों को भी साथ लेता चला—जैसे, सुखात्मक से भिन्न समझा जानेवाला उपयोगिता तत्त्व, अभिज्ञानात्मक तथा नैतिक इच्छाओं की पूर्ति से होन वाला संतोष आदि। अन्य बाह्य तत्त्वों को अपने में समेट कर और कला की वास्तविकता से उसका किसी प्रकार से अनिवार्य सम्बन्ध स्थापित कर यह सिद्धान्त स्वयं को सुखवाद से भिन्न दर्शाता हुआ एक नये मत का प्रतिपादन करता है या कम से कम इस ओर ध्यान आकर्षित करता है। इस तरह की चपलता से यह सदैव गतिशील बना रहता है। प्रत्येक विभ्रम में सत्यांश रहता ही है (भौतिकवादी सिद्धान्त के सन्दर्भ में यह देखा जा चुका है कि किसी भी अन्य तथ्य की तरह कला की भी भौतिक संरचना सम्भव है), तो सुखवादी सिद्धान्त में भी शाश्वत सत्य का अंश यह है कि इसने प्रत्येक मानसी क्रिया में समान रूप से पायी जानेवाली और इसी कारण से सौन्दर्यबोधगत व्यापार में भी

निहित, सुखवादी इकाई पर बल दिया है। हमने भी जब कला और सुखानुभूति की एकता का निषेध किया, या, कला को अन्तर्बोध कहते हुए सुखानुभूति से उसे भिन्न दर्शाया तो कला के क्षेत्र से सुख को एकदम बहिष्कृत करने का कोई आशय नहीं था।

'कला एक अन्तर्बोध है' के सिद्धान्त से निःसृत तीसरा निषेध है कि कला एक नैतिक क्रिया है; इस व्यावहारिक क्रिया का रूप ऐसा है कि यह उपयोगिता तथा सुख-दुःख से सम्पृक्त अवश्य होती है किन्तु तत्काल उसका न कोई उपयोग होता है न वह सुखात्मक होती है। यह अपेक्षाकृत उच्चतर मानसी भूमि पर गतिशील रहती है। अन्तर्बोध किसी भी व्यावहारिक क्रिया के विपरीत एक मानसी क्रिया है। सच तो यह है कि प्राचीन काल में ही लोगों ने यह परख लिया था कि कला संकल्पात्मक क्रिया (ऐक्ट ऑफ़ विल) के रूप में जन्म नहीं लेती। सत्संकल्प एक आदमी को ईमानदार तो बनाता है, कलाकार नहीं। और, चूँकि कला संकल्पात्मक क्रिया का परिणाम नहीं है इसलिए यह नैतिक परीक्षण से भी बच जाती है। ऐसा इसलिए नहीं होता कि कला को कुछ विशेषाधिकार प्राप्त हैं वरन् इसलिए कि नैतिक मानदंड इस पर घटाये ही नहीं जा सकते। कलात्मक कृति में अंकित क्रिया-व्यापार नैतिकता की दृष्टि से प्रशंसा अथवा निंदा के योग्य हो सकता है किन्तु प्रतिमा स्वयं न प्रशंसनीय होती है न निंदनीय। कोई भी दंड-संहिता [कला-] प्रतिमा को कारावास या मृत्यु-दंड नहीं दे सकती। इसी तरह कोई भी विवेकशील व्यक्ति कलाकृति पर नैतिक दृष्टि से कोई निर्णय नहीं दे सकता। यदि हम दाँते कृत फ्रांसेस्का और शेक्सपियर कृत कॉर्डेलिया को क्रमशः दुराचारी और सदाचारी कहते हैं तो यह ऐसा ही होगा जैसे समचतुर्भुज को नैतिक तथा त्रिभुज को अनैतिक कहना। ये पात्र, वस्तुतः, दाँते और शेक्सपियर के मन में उठे गीत के स्वरों की भांति हैं जिनका कार्य-व्यापार शुद्ध कलात्मक होता है। कलागत मूल्यों के इतिहास में नैतिकतावादी सिद्धान्त का भी उल्लेख हुआ है। यह अलग बात है कि वर्तमान काल में इसके अन्तर्निहित दोषों तथा वर्तमान युग की ही कतिपय नैतिक दुष्प्रवृत्तियों के कारण इसकी प्रतिष्ठा बहुत घट गयी है। अतः शुद्ध तर्क के प्रयोजनार्थ मनोवैज्ञानिक आधार पर अब इसका खंडन सम्भव है और, यहाँ हम वहीं करेंगे। यह कहना कि कला का प्रयोजन हित सम्पादित करना और पाप के प्रति भय पैदा करना है, या, किन्हीं प्रथाओं को सुधारना है वस्तुतः नैतिकतावादी सिद्धान्त का ही व्युत्पादन है। इसी तरह, यह माँग भी कि कलाकार निम्न वर्ग को शिक्षा देने में सहयोग करें, जनता की राष्ट्रीय भावनाओं अथवा वीर भावों को दृढ़ करें तथा सादे एवं श्रमशील जीवन के आदर्शों के प्रसार आदि में सहायक हों, इसी सिद्धान्त की उपज है। जैसे रेखागणित यह काम नहीं कर सकता उसी तरह कला भी यह कार्य नहीं कर सकती। और, यदि, रेखागणित

का महत्त्व इस अक्षमता के कारण कम नहीं होता तब कला ही इस कारण से महत्त्वहीन क्यों हो जाय? 'कला यह कार्य नहीं कर सकती' इस तथ्य को नैतिकतावादी कलाशास्त्रियों ने भी अंशतः समझ लिया था इसी लिए उन्होंने तुरन्त कला के साथ समझौता करके इसे, नैतिकता के बाहर, सुख प्रदान करने की अनुमति दे दी इन शर्तों के साथ कि इसमें खुलेआम बेईमानी न हो, अथवा, कला आत्माओं पर शासन करने की अपनी शक्ति को सदुद्देश्य में लगाये। यह उसके कड़वे अनुभवों तथा दुःखानुभूति को भी मधुर रूप में प्रस्तुत करने के सामर्थ्य का उचित उपयोग था। दूसरे शब्दों में, वे चाहते थे कि कला चूँकि अपने सुख देने के गुण का त्याग नहीं कर सकती तो वह पवित्र गिरजाघर अथवा नैतिकता की सेवा में वारांगना की भूमिका निभाये। अन्य अवसरों पर उन्होंने शिक्षा को कला का प्रयोजन माना है। सदाचरण ही नहीं विज्ञान की शिक्षा देना भी एक कठिन काम है। कला इस कठिनाई को दूर कर विज्ञान में लोगों के प्रवेश को सुखद बना सकती है, इसके विविध क्षेत्रों में उन्हें घुमा सकती है मानों उन्हें आर्मीडा के उद्यान में सुखपूर्वक सैर करा रही हो वह भी बिना इस प्रतीति के कि उनके ऊपर एक रक्षा-कवच है, या, कि वे किसी कठिन घड़ी के लिए तैयार हो रहे हैं। आज इन सिद्धान्तों की चर्चा करते समय हम मुस्कराये बिना नहीं रह पाते किन्तु हमें यह नहीं भूलना चाहिए कि कला की प्रकृति को समझने के लिए, अथवा, कला की अवधारणा को उच्च भूमि पर प्रतिष्ठित करने के लिए कभी इन सिद्धान्तों को बड़ी गम्भीतरा से लिया जाता था। यदि इटली के साहित्य तक ही हम स्वयं को सीमित रखें तो कहना होगा कि एक समय इनमें आस्था रखने वालों में दाँते, तास्सो, पारिनी, माँत्सोनी तथा मात्सिनी भी थे। कला का नैतिकतावादी सिद्धान्त अपने अन्तर्विरोधों के कारण ही उपयोगी था, उपयोगी है और उपयोगी रहेगा। कला को भ्रमवश सुखानुभूति मान लिया जाता है अतः उसे इस भ्रम से मुक्त करने तथा अधिक गौरवमय पद प्रदान करने का कार्य श्रमसाध्य होने पर भी सदैव किया जाता रहा है और किया जाता रहेगा। साथ ही यह भी उतना ही सच है कि कला यदि नैतिकता से परे है तो कलाकार उसके न इस पार है न उस पार वरन् अपने ही स्वतंत्र क्षेत्र में है। और, जब तक वह मनुष्य होने के नाते अपनी कर्तव्यपरायणता से विमुख नहीं हो जाता वह सदैव कला को कला के रूप में--जो न कभी नैतिक रही है न रहेगी--एक कर्तव्य भावना, एक पुरोहित धर्म के रूप में स्वीकार करता रहेगा।

'कला एक अन्तर्बोध है' इस परिभाषा से इस बात का भी निषेध (जो अंतिम और सामान्य निषेधों में सर्वाधिक महत्त्वपूर्ण है तथा जिसे इस सम्बन्ध में मैं यहाँ प्रस्तुत करना चाहता हूँ) होता है कि कला की प्रकृति अवधारणामूलक ज्ञान की है। अवधारणामूलक ज्ञान अपने सच्चे, अर्थात् दार्शनिक रूप में सदैव यथार्थवादी होता

है। उसका उद्देश्य यथार्थ को मिथ्या के विरोध में प्रतिष्ठित करना होता है, अथवा, मिथ्या को यथार्थ के भीतर समेटते हुए उसे यथार्थ का उपांश बना कर उसके मिथ्याभाव को कम कर देना होता है। किन्तु, अन्तर्बोध का ठीक-ठीक अर्थ है यथार्थ और मिथ्या का अभेद, बिम्ब को बिम्ब का मूल्य प्रदान करते हुए उसे शुद्ध रूप में प्रस्तुत करना; अन्तर्बोध्य या ऐन्द्रिय ज्ञान को अवधारणामूलक अथवा बुद्धिग्राहय ज्ञान के विरोध में तथा कलाशास्त्रीय ज्ञान को प्रज्ञात्मक ज्ञान के विरोध में रखने का उद्‌देश्य है ज्ञान के उस आदिम एवं अपेक्षाकृत सरल रूप की स्वतंत्रता की घोषणा करना जिसकी तुलना मानसी (थियोरेटिक) जीवन की स्वप्नावस्था (निद्रावस्था नहीं) से की गयी है और जिसके सन्दर्भ में दर्शन को जाग्रतावस्था कहा जा सकता है। किसी कलाकृति का परीक्षण करते समय यदि कोई पूछे कि कलाकार ने जो भी अभिव्यक्त किया है वह तत्त्वमीमांसा अथवा इतिहास की दृष्टि से सत्य है या मिथ्या तो यह प्रश्न उतना ही अर्थहीन होगा जितना कल्पना के वायवी बिम्बों को नैतिकता की कसौटी पर कसना। प्रश्न की निरर्थकता स्वयंसिद्ध है कयोंकि सत्य और मिथ्या का भेद किसी यथार्थ की स्वीकृति अथवा उस पर लिये गये निर्णय से जुड़ा होता है; बिम्ब गुणरहित और विशेषणरहित होने के कारण शुद्ध विषय (सबजेक्ट) है अतः उसके सम्बन्ध में ऐसा कोई निर्णय लिया ही नहीं जा सकता। यहाँ ऐसी आपत्ति उठाना व्यर्थ है कि बिना विश्वजनीन तत्त्व (बिम्ब जिसकी एक विशेष अभिव्यक्ति है) से संबद्ध हुए बिम्ब में विशेषत्व आ ही नहीं सकता क्योंकि हम परम आत्म रूप (स्पिरिट ऑफ गॉड) विश्वजनीन तत्त्व का निषेध नहीं कर हरे हैं। वह तत्त्व तो सार्वभौम होने से सभी वस्तुओं को अपने अंश से प्राणवान् बनाता है। वास्तविक निषेध इस बात का है कि वह विश्वजनीन तत्त्व अन्तर्बोध में तर्कसम्मत रूप तथा विचार-रूप में प्रकाशित होता है। यहाँ आत्मा की एकता की दुहाई देना भी व्यर्थ है क्योंकि यह एकता खंडित होने के बजाय शुद्ध कल्पना तथा विचार के स्पष्ट भेद के कारण और दृढ़ होती है; भेद से विरोध पैदा होता है और विरोध से प्रत्यक्ष एकता।

अन्तस्थता अन्तर्बोध को अवधारणा से, कला को दर्शन (विश्वजनीन की स्वीकृति) और इतिहास (घटना का इन्द्रियबोध या जो घटा है उसका विवरण) से अलग करती है। मनःरूपता कला का अंतरंग गुण है। इस गुण से जैसे ही मनन वृत्ति एवं निर्णय-बुद्धि विकसित होती है कला शक्तिहीन हो कर निष्प्राण हो जाती है। व्यक्ति जैसे ही आलोचक बनता है उसके भीतर का कलाकार मर जाता है; सहृदय रसग्रहण की मग्नावस्था से निकल कर जैसे ही मननशील पर्यवेक्षक बन कर जीवन पर विचार करने लगात है उसके भीतर की कला मर जाती है।

यथार्थ पर हुए समस्त चिन्तन को एक व्यापक संज्ञा, दर्शन, से यदि अभिहित करें तो उससे कला का भेद स्थापित करते हुए कुछ अन्य भेद भी सामने आते हैं

जिनमें सर्वाधिक महत्त्वपूर्ण है उसका पुराणकथा (मिथ) से भेद। पुराणकथा में विश्वास रखनेवाले व्यक्ति के लिए सच्चे ज्ञान का उद्घाटन केवल पुराण ही करते हैं, ज्ञान के शेष सभी स्रोत मिथ्या हैं। इनमें प्रकाशित सत्य का ज्ञान अन्य सभी विश्वासों को भ्रम अथवा मिथ्या बता कर भगा देता है। अतः पुराणकथा कला तभी बन सकती है जब कलाकार उसमें विश्वास न करता हो और उसका उपयोग रूपक/अन्योक्ति के रूप में करता हो जिसमें देवताओं का कठोर जगत् सुन्दर संसार का रूप ले लेता है और भगवान् स्वयं उदात्तता की प्रतिमा बन जाता है। इस तरह, आस्तिक की आत्मा में (नास्तिक की आत्मा में नहीं) इसका (पुराणकथा का) रूप धर्म का होता है न कि कपोल कल्पना का। धर्म भी दर्शन ही है–अपूर्ण से पूर्णता की ओर गतिशील, विकासमान, दर्शन। दूसरी ओर दर्शन भी धर्म ही है, एक ऐसा धर्म जिसके मार्जन एवं विकास की प्रक्रिया लगभग पूर्ण हो चुकी है और जिसका विषय स्वयंपूर्ण (ऐब्सोल्यूट) अथवा शाश्वत (एटरनल) तत्त्व है। कला में उस विचार का अभाव होता है जो उसके धर्म तथा पुराणकथा बनने के लिए आवश्यक है। कलाकार अपने बिम्ब-विधान में न आस्था रखता है न अनास्था, मात्र उसका सृजन करता है।

'कला एक अन्तर्बोध है' यह अवधारणा किन्हीं अन्य कारणों से इस बात का भी निषेध करती है कि वह वर्ग-उपवर्ग या जाति-उपजाति की रचना है। यह अचेतन रूप से होनेवाला गणित का अभ्यास भी नहीं है (जैसा कि एक महान् गणितज्ञ ने संगीत के बारे में कहा है); इस तरह, उक्त परिभाषा कला को भौतिकशास्त्रों (पॉज़िटिव सायंसिज़) और गणितशास्त्र से पृथक करती है। इन दोनों में ही अवधारणा का रूप यथार्थवादी न होते हुए भी सामान्य प्रतिरूपण अथवा केवल भावरूप का होता है। किन्तु ऐसी अंतस्थता जो प्रकृतिशास्त्र तथा गणित ओढ़े रहते हैं और जिस कारण से वे दर्शन, धर्म और इतिहास की दुनिया के विरोध में खड़े दिखायी देते हैं और कला के निकट आते हुए प्रतीत होते हैं (तथा जिस कारण से आज के वैज्ञानिक और गणितज्ञ कल्पनालोक के सृजन का दंभ भरते हैं क्योंकि इनका यह लोक शब्द-रचना में भी कवि की कल्पना और कृति से मेल खाता है) वस्तुतः सामान्यीकरण तथा भावापकर्षण (एब्सट्रैक्शन) द्वारा मूर्त विचार के त्याग द्वारा ही प्राप्त होती है। ये सामान्यीकरण तथा भावापकर्षण मन की तरंग पर निर्भर रहने वाले ऐच्छिक निर्णय हैं, व्यावहारिक कार्य हैं और इसी लिए कला की सीमा के बाहर तथा उसके प्रतिकूल हैं। अतः, कला दर्शन, धर्म और इतिहास की अपेक्षा गणित एवं भौतिकशास्त्रों से अधिक विरक्ति का भाव रखती है। ये शास्त्र कला को सिद्धान्त अथवा ज्ञान के सजातीय लगते हैं जब कि अन्यों से वह चिन्तन के प्रति व्यावहारिक अनगढ़ता के कारण दूर रहती है। कविता और वर्गीकरण, उससे भी अधिक कविता ओर गणित

आग और पानी की तरह एक दूसरे के विरोधी हैं। गणित एवं विज्ञान की चेतना तथा काव्य की चेतना में पूर्वघोषित शत्रुता है। जिस भी युग में प्रकृतिशास्त्रों और गणित का बोलबाला रहा है (जैसे 18वीं शताब्दी के बुद्धिवाद में) कविता सबसे कम फली-फूली है।

कला को उसकी न-तार्किक (अलॉजिकल) प्रकृति के दोष से मुक्त करने के प्रयासों का निषेध चूँकि अन्तर्बोधवाली परिभाषा में सबसे कठिन तथा महत्त्वपूर्ण है इसलिए वे सिद्धान्त जो कला को दर्शन, धर्म, इतिहास या विज्ञान के रूप में और थोड़ा-बहुत गणित के रूप में व्याख्यायित करते हैं कलाशास्त्र के इतिहास में अधिक स्थान घेरे हुए हैं और इन सिद्धान्तों के साथ बड़े-बड़े दार्शनिकों के नाम भी जुड़े हुए हैं। 18वीं शताब्दी के शेलिंग और हीगेल ये दो व्यक्ति ऐसे हैं जिन्होंने कला को या तो धर्म और दर्शन से एक समझ लिया था, या, उनका परस्पर भेद उनके लिए अस्पष्ट ही रहा। तेन कला को प्रकृति-विज्ञान समझ बैठा और फ्रांसिसी यथार्थवादी (वेरिस्ट्स) इसे ऐतिहासिक तथा इतिवृत्तात्मक पर्यवेक्षण समझ बैठे। हेर्बार्ट के अनुयायी अपने रूपवाद की झोंक में इसे गणित समझ बैठे। किन्तु, इन लेखकों में, तथा अन्यों में भी, यदि इनकी भ्रांतियों के शुद्ध उदाहरण ढूँढ़े जायँ तो वे नहीं मिलेंगे क्योंकि शुद्ध भ्रांति कभी होती ही नहीं, यदि होती है तो वह सत्य बन जाती है। इस तरह, कला के सिद्धान्तों में, जिन्हें संक्षेप में मैं अवधारणामूलक (कॉन्सेप्चुअलिस्टिक) कहूँगा, उनके भीतर ही विघटनकारी तत्त्व मिले होते हैं। इनका प्रतिपादन करनेवाला दार्शनिक जितना सामर्थ्यवान् होगा उसी अनुपात में ये तत्त्व भी और अधिक मात्रा में तथा विशेष प्रभावशाली होंगे। शेलिंग और हीगेल में इसीलिए ये तत्त्व सर्वाधिक प्रभावोत्पादक तथा विपुल मात्रा में मिलते हैं क्योंकि इन दोनों में कला-सृजन की चेतना इतनी प्राणवान् थी कि अपने पर्यवेक्षण तथा विकास के बल पर इन्होंने ऐसा सिद्धान्त सुझाया जो इनकी अपनी ही विचार व्यवस्था के विरुद्ध है। हाँ, यह बात अवश्य है कि पूर्व परीक्षित अन्य सिद्धान्तों की अपेक्षा अवधारणामूलक सिद्धान्त श्रेष्ठ हैं, क्योंकि इनमें एक तो कला के मानसी रूप की स्वीकृति है, दूसरे कल्पना या कपोलकल्पना तथा तर्क, कला और विचार के परस्पर सम्बन्ध (जो यदि भेद निदर्शक हैं तो अभेद निदर्शक भी) निर्देशित करने के दृढ़ निश्चय द्वारा वास्तविक सिद्धान्त में भी अपना योग देते हैं।

'कला अन्तर्बोध है' यह सरल सूत्र यदि एक भिन्न प्रतीकात्मक भाषा में अनूदित किया जाय (जैसे, कला कल्पना की कृति है) तो हम देखेंगे कि यह प्रति दिन कला की चर्चा करनेवालों के मुख से भी निकलता है और पुरानी शब्दावली (अनुकरण, गल्प, बोधकथा आदि) में पुरानी पुस्तकों में भी मिल जायगा। यही सूत्र जब दर्शन की भाषा में व्यक्त किया जाता है तो ऐतिहासिक, आलोचनात्मक तथा

विवादात्मक अर्थों से समान्वित होकर इतना समृद्ध हो जाता है कि इस समय इसका कोई उदाहरण देना मेरे लिए असम्भव है। यह दार्शनिक विजय कितनी श्रमसाध्य थी इसका हमें आश्चर्य नहीं होना चाहिए। इसकी तुलना ऐसी छोटी पहाड़ी की सैनिक विजय से ही हो सकती है जो दीर्घ काल तक विवाद का विषय रही हो। शांति के समय कोई भी यात्री उस पहाड़ी पर अनजाने में यों ही चढ़ सकता है किन्तु सेना के लिए वह यात्रा का पड़ाव नहीं वरन संघर्ष का परिणाम तथा विजय का प्रतीक है। कलाशास्त्र के इतिहास के लेखक को बड़े कठिन मार्ग का अनुसरण करना पड़ता है और यह मार्ग ऐसा है जिसमें (यह चिन्तन का एक और चमत्कार है) जिसमें जीतनेवाला प्रतिपक्षियों के प्रहारों से दुर्बल होने के बजाय और शक्तिशाली हो उठता है तथा अन्त में अपने प्रतिपक्षियों को पीछे ढकेलते हुए, फिर भी उन्हीं की संगति में, अभीष्ट ऊँचाई तक पहुँच जाता है। यहाँ, प्रसंगवश अरस्तू की अनुकरण की अवधारणा (जो उसने प्लेटो द्वारा कविता के गर्हण के विरोध में प्रस्तुत की थी) और उसके द्वारा कविता तथा इतिहास के भेद की स्थापना के महत्त्व का उल्लेख करना चाहूँगा। यह अवधारणा उसके मस्तिष्क में शायद पूरी तरह विकसित या परिपक्व नहीं हो पायी थी इस लिए बहुत दिनों तक इसे गलत समझा जाता रहा। फिर भी, कई शताब्दियों के बाद इस अवधारणा ने आधुनिक कलाशास्त्रीय चिन्तन को एक नयी दिशा में मोड़ने का काम तो किया ही। चलते-चलते मैं यह भी कहना चाहूँगा कि तर्क और कल्पना, निर्णय और रुचि, बुद्धि और प्रतिभा के भेद के प्रति निरंतर जागरूकता बढ़ती जा रही है। 17वीं शताब्दी में यह अत्यधिक प्राणवान् हो उठी थी। विको की 'सिएँत्सा न्युओवा' में निदर्शित कविता और तत्त्वशास्त्र का विवाद इसी चेतना का परिणाम था। बाउमगार्टेन की कला सम्बन्धी दृष्टि यद्यपि अवधारणामूलक ही थी और वह उसी में उलझा रहा फिर भी उसने 'ग्नोजियोलोजिया इनफीरियर और सिएन्शिया कॉग्निसियोनिस सेन्सितिवे' के रूप में तर्कशास्त्र से कलाशास्त्र/सौन्दर्यशास्त्र (एस्थेटिका, यह शब्द बाउमगार्टेन का ही गढ़ा हुआ है) का भेद दर्शाते हुए उसकी तर्कसम्मत व्याख्या की। यह दूसरी बात है कि इस योजना को वह बहुत आगे नहीं बढ़ा पाया। कांट ने 'क्रिटिक' में बाउमगार्टेन की आलोचना की और उसी क्रम में लायबनित्स तथा वोल्फ के अनुयायियों का विरोध करते हुए यह सिद्ध किया कि अन्तर्बोध केवल अन्तर्बोध है भ्रांत अवधारणा नहीं। स्वच्छंदतावादियों ने अपनी विधि-व्यवस्था (सिस्टम) में तो नहीं किन्तु कला सम्बन्धी आलोचनाओं तथा इसके इतिहास में विको द्वारा घोषित कला की नयी अवधारणा का पर्याप्त विकास किया। अन्त में इटली के फ्रांसेस्को द सांक्तिस ने अपने समीक्षाशास्त्र का प्रवर्तन करते हुए उपयोगितावाद, सदाचारवाद और अवधारणावाद का खंडन करते हुए कला को शुद्ध रूप या शुद्ध अन्तर्बोध घोषित किया।

किन्तु, जैसा कि दाँते की त्रिपदी में आया है, जड़ से फूटे अंकुर की तरह सत्य की जड़ से ही सन्देह का जन्म होता है। सन्देह ही मनुष्य की बुद्धि को एक शिखर से दूसरे शिखर तक भगाता रहता है। यह सिद्धान्त कि कला अन्तर्बोध है, एक कल्पना है, रूप है, अब एक अन्य दूरस्थ समस्या (इसे मैं अंतिम नहीं कह रहा हूँ) को जन्म देता है। समस्या कला के भौतिकशास्त्र, सुखवाद, नीतिशास्त्र तथा तर्कशास्त्र से भेद को ले कर नहीं वरन् स्वयं बिम्ब जगत् को ले कर है। शंका यह है कि क्या बिम्ब कला की विशेषताओं को परिभाषित करने में समर्थ है? क्या यह वास्तविक बिम्ब स्वयं को कृत्रिम बिम्बों से अलग रखने में सक्षम है? क्या इससे बिम्ब तथा कला सम्बन्धी अवधारणा को संपुष्ट करने में सहायता मिलती है? यह भी पूछा जा सकता है कि दार्शनिक, धार्मिक या वैज्ञानिक मूल्यों, यहाँ तक कि नैतिक एवं सुखवादी मूल्यों से भी रहित शुद्ध बिम्बों का संसार मनुष्य की चेतना में किस काम का है? जीवन में हमें आँखें ही नहीं दिमाग भी खुला रखना पड़ता है तथा चपल चेतना की भी आवश्यकता होती है। ऐसे जीवन में दिवास्वप्न देखने से बढ़ कर बेकार का काम और क्या हो सकता है? शुद्ध बिम्ब! किन्तु शुद्ध बिम्बों के संसार में रहने को कम आदर भाववाली संज्ञा 'स्वप्न देखना' से अभिहित किया जाता है जिसके पहले बहुधा 'निठल्ला' विशेषण भी जोड़ दिया जाता है। यह अत्यन्त निःसत्त्व और अप्रामाणिक वस्तु है; क्या यह कभी कला हो सकती है? कभी-कभी रोमांचक साहसिक अभियानों का वर्णन पढ़ कर हम अपना मनोरंजन करते हैं क्योंकि उसमें एक के बाद एक बिम्ब-प्रतिमाएँ बड़े अप्रत्याशित ढंग से आती जाती हैं। किन्तु, ऐसा मनोरंजन हम तभी चाहते हैं जब थके हुए हों या किसी तरह वक्त गुज़ारना चाहते हों। और, उस समय हम यह भी अच्छी तरह समझते हैं कि हम जो पढ़ रहे हैं वह कला नहीं है केवल मनोविनोद की वस्तु है, खिलवाड़ है। कला यदि विनोद या खिलवाड़ होती तो सुखवादी सिद्धान्त की बाँहों में कभी की समा जाती जो सदैव इसे अपने में समेट लेने के लिए तत्पर रहता है। यह उपयोगिता तथा सुख की आवश्यकता ही है जो हमें कभी-कभी मस्तिष्क और संकल्प-शक्ति को शिथिल कर, हाथ-पाँव फैला कर आराम करने को विवश करती है। ऐसी स्थिति में स्मृति-पटल पर एक के बाद एक बिम्ब-राशि आती रहती है तो कभी कल्पना की सहायता से ये बिम्बसमूह एक दूसरे में ऐसे गड्ड-मड्ड हो जाते हैं मानों हम जागते हुए भी स्वप्न देख रहों। ताजा होते ही इस जागृत-स्वप्नवाली अवस्था से जाग उठते हैं और कभी ऐसा भी होता है कि जागते ही कला-रचना में प्रवृत्त हो जाते हैं। स्पष्ट है कि मन की शिथिल अवस्था में कलाकृति का निर्माण सम्भव नहीं है। इससे दो निष्कर्ष निकलते हैं। या तो कला शुद्ध अन्तर्बोध नहीं है और उन सिद्धान्तों के वे दावे ही पूरे नहीं होते जिनका हम खण्डन कर चुके हैं और ऐसी स्थिति में हमारा

खण्डन ही सन्देहास्पद हो जाता है। अथवा, कल्पना जैसे सरल कार्यव्यापार में अन्तर्बोध हो ही नहीं सकता।

समस्या को और अधिक परिसीमित करने तथा कठिन बनाने के लिए इसमें से वह अंश निकाल देना होगा जिसका उत्तर सरल है। मैं उसकी उपेक्षा नहीं करना चाहता हूँ विशेषतः इसलिए क्योंकि सामान्यतः उसी के साथ जुड़े होने के कारण भ्रांति पैदा होती है। अन्तर्बोध निश्चित रूप से बिम्ब-विधान है किन्तु ऐसा नहीं है कि इसमें जो बिम्ब हैं उनमें परस्पर कोई संगति ही नहीं है। बिम्ब-प्रतिमाओं को एक के बाद एक मनमाने ढंग से आने देना, या, मन की तरंगानुसार उनमें कैसे भी जोड़ बैठा देना (घोड़े की गर्दन पर आदमी का सिर रख देना) जैसा बच्चों का खेल इसे नहीं कह सकते। प्राचीन काव्यशास्त्र में अन्तर्बोध तथा निरर्थक कल्पना में भेद दर्शाने के लिए ही एकता के सिद्धान्त को अपनाया गया था। आचार्यों का आग्रह था कि कलाकृति चाहे जैसी हो उसमें सहजता एवं एकता होनी ही चाहिए। अर्थात् ये बिम्ब चाहे जितने हो अंततः वे सब एक ही केन्द्र के चारों ओर एकत्र होकर एक विराट् प्रतिमा में घुलमिल जाने चाहिए। 19वीं शताब्दी के अनेक दार्शनिकों ने कल्पना (=इमैजिनेशन, एक विशिष्ट कलात्मक शक्ति) और मन की उड़ान (=फैन्सी, कलात्मकता की सीमा के बाहर की शक्ति) में जो भेद किया उसके पीछे यही भावना थी। बिम्बों को संकलित करना, चुनना, काटना और फिर जोड़ना यह सिद्ध करता है कि चेतना में विशिष्ट बिम्ब पहले से ही हैं। कल्पना सृजनशील है, मन की उड़ान वंध्या, इसमें कल्पना के बाहर जो भी जोड़-घटाव होते हैं उनके अनुरूप यह स्वयं को ढाल तो लेती है किन्तु नये जीव एवं जीवन का निर्माण नहीं कर पाती। अतः जो सरल सूत्र मैंने पहले दिया है उसी में निहित गम्भीर समस्या हैः चैतन्य जीवन की परिसीमा में शुद्ध बिम्बों का क्या स्थान है? अथवा, दूसरे शब्दों में, शुद्ध बिम्ब-विधान अस्तित्व में कैसे आता है? आन्तरिक प्रेरणा से जन्म लेने वाली प्रत्येक कलाकृति का अनुकरण करनेवालों की एक लम्बी कतार होती है जो मूल कृति को या तो केवल दुहराते हैं, या, छोटे-छोटे टुकड़ों में काट कर उसे फिर से जोड़ते हैं, अथवा, बिना सोचे-समझे उसे अतिरंजित रूप में प्रस्तुत करते हैं। इस प्रक्रिया में उनकी कपोल-कल्पना वास्तविक बिम्बों के अनुकलू या प्रतिकूल कार्य करती है। किन्तु, प्रश्न है कि कालान्तर में इन सब अत्याचारों को सहने के लिए बाध्य मूल कलाकृति (जो प्रतिभाजन्य है) का जन्म कैसे होता है? और उसकी सार्थकता क्या है? इसके उत्तर के लिए हमें कल्पना और शुद्ध अन्तर्बोध की प्रकृति में और गहरे उतरना होगा।

इस गम्भीर अध्ययन की तैयारी के लिए सबसे अच्छी पद्धति यह होगी कि कलात्मक अन्तर्बोध और असंबद्ध कपोल-कल्पना में भेद स्थापित करनेवाले सिद्धान्तों

का विश्लेषण किया जाय (वहाँ हमें ध्यान रखना होगा कि ऐसा करते समय हम यथार्थवाद अथवा अवधारणावाद की खाई में न गिर पड़ें), एकता के प्रनियम (प्रिंसिपल) का स्रोत सुनिश्चित करें और कल्पना के सृजनशील चरित्र की सार्थकता सिद्ध करें। कहा जाता है कि बिम्ब-प्रतिमा कलात्मक तब होती है जब वह बुद्धिगम्य और इंद्रियगम्य को मिला कर प्रत्यय (आइडिया) का निरूपण करती है। अब, 'बुद्धिगम्य' और 'प्रत्यय' का अर्थ अवधारणा के अतिरिक्त और कुछ नहीं है (इस सिद्धान्त का समर्थन करनेवालों के लिए भी इसका इससे भिन्न अर्थ नहीं है) फिर भले ही इसे अमूर्त अवधारणा या विज्ञान में प्रयुक्त अवधारणा से भिन्न दार्शनिक चिन्तन के योग्य मूर्त अवधारणा या विचार मान लिया जाय। किन्तु, अवधारणा या विचार का, प्रत्येक स्थिति में, धर्म ही है बुद्धिगम्य और इंद्रियगम्य का मेल कराना। और, इस विचार की नयी अवधारणा (जो सबसे पहले कांट ने प्रस्तुत की तथा जिसे आज समस्त आधुनिक चिन्तन में अन्तरस्थ कह सकते हैं) के अनुसार यह प्रक्रिया न केवल कला के क्षेत्र में इंद्रियगम्य और बुद्धिगम्य की खाई पाटती है वरन् अवधारणा का कल्पन ही निर्णय के रूप में करती है, निर्णय को प्रागनुभूत (ए प्रायोरी) संश्लिष्टि के रूप में और प्रागनुभूत संश्लिष्टि को मूर्त शब्द, इतिहास, के रूप में प्रतिष्ठित करती है। इस तरह कला की यह परिभाषा हमारे आशय के विरुद्ध कल्पना को तर्क की ओर और कला को दर्शन की ओर ले जाती है जो वस्तुतः विज्ञान के अमूर्त विचार के अधिक उपयुक्त है अपेक्षाकृत कला की समस्या के (कांट ने 'क्रिटिक ऑफ़ प्योर रीज़न' में जो अस्पष्ट रह गया था उसे स्पष्ट करने का इतिहाससम्मत कार्य अपने सौन्दर्यशास्त्रीय एवं प्रयोजनमूलक 'क्रिटिक ऑफ़ जजमेंट द्वारा किया)। मूर्त अवधारणा होने के नाते इसमें पहले से ही जो युक्तिसंगति विद्यमान है उसके अतिरिक्त और जिन शब्दों में वह व्यक्त हुआ है उनके बाहर इसमें और युक्ति-तत्त्व ढूँढ़ना अनावश्यक होगा। यदि हम इस खोज का आग्रह करें ही तो यह सत्य है कि दर्शन या इतिहास के रूप में कला की अवधारणा तो दूर हो जायगी और उसका स्थान 'कला एक अन्योक्ति है' यह अवधारणा ले लेगी। अन्योक्ति की इतिहास विरुद्ध और सब कुछ को ऊष्मा विहीन कर देनेवाली प्रकृति सर्वविदित है और सभी उसका अनुभव भी करते हैं इसलिए अन्योक्ति को कला मानने से कभी न दूर होनेवाली जो कठिनाइयाँ आयेंगी उनसे भी सभी परिचित हैं। अन्योक्ति में चेतना के दो व्यापारों का बाहर ही बाहर परम्परागत तथा यादृच्छिक मेल कराया जाता है। मिलने वाले तत्त्व हैं—एक अवधारणा या विचार, दूसरा बिम्ब, और यह मान लिया जाता है कि अमुक बिम्ब-विधान अमुक अवधारणा का निरूपण करता ही है। इससे कलात्मक बिम्ब-समूह की इस विशेषता की तो व्याख्या होती नहीं है कि वह एक इकाई है उल्टे जान-बूझ कर द्वैत भाव पैदा कर दिया जाता है क्योंकि इस

जोड़-बैठाव (जक्सटापोज़ीशन) में विचार और बिम्ब-समूह में कोई सम्बन्ध न होने से विचार विचार ही रहता है और बिम्ब बिम्ब ही। यह द्वैत भाव इस सीमा तक होता है कि बिम्बों पर मनन करते समय हम अवधारणा को बिना किसी हानि के भुला बैठते हैं–यह भी एक लाभ ही है–और अवधारणा पर मनन करते समय क्लांत कर देनेवाले निरर्थक बिम्बों को दूर हटा देते हैं। इसमें भी हमारा भला ही होता है। मध्ययुग जर्मनवाद और रोमनवाद, बर्बरता और संस्कृति, साहसिक कल्पना और सूक्ष्म चिन्तन का काल था, इस युग में अन्योक्ति बड़ी लोकप्रिय हुई। इसी युग में सैद्धान्तिक तर्कना के द्वारा, न कि यथार्थ के प्रभाव के कारण, कला ने, जहाँ वह सच्ची कला है, या तो अन्योक्ति को भगा दिया या उसे आत्मसात् कर लिया। अन्योक्ति के द्वैत भाव के समाधान की आवश्यकता कला के अन्तर्बोधवाले सिद्धान्त को भी परिशोधित करने की आवश्यकता की ओर संकेत करती है। परिशोधित सिद्धान्त में, यदि अन्तर्बोध प्रत्यय की अन्योक्ति है तो, उसकी परिणति 'अन्तर्बोध एक प्रतीक है' के सिद्धान्त में हो जाती है। प्रत्यय प्रतीक में अन्य निरपेक्ष भाव से रह ही नहीं सकता। इसी तरह प्रतीक भी प्रत्यय को प्रतीकात्मकता प्रदान किये बिना जीवन्त रूप में रह ही नहीं सकता। प्रत्यय प्रतिरूपण में इस तरह घुल-मिल जाता है (जैसा कि सौन्दर्यशास्त्री विशर ने कहा है यद्यपि वह इस बात के लिए अवश्य दोषी है कि उसने इतने बड़े काव्यात्मक तथा तत्त्वमीमांसीय विषय में बड़ी नीरस तुलना प्रस्तुत की है) जैसे पानी से भरे गिलास में चीनी का ढेला। घुली हुई चीनी पानी के कण-कण में विद्यमान होती है पर ढेले के रूप में कहीं दिखायी नहीं देती। किन्तु, प्रत्यय यदि एकदम लुप्त हो जाय, पूरी तरह प्रतिरूपण ही बन जाय, प्रत्यय रूप में फिर से पकड़ा ही न जा सके (सिवाय उस पद्धति के जिससे मीठे पानी से चीनी बना ली जाती है) तो वह प्रत्यय रह ही नहीं जाता और यह संकेत माना चाहिए कि बिम्बों की एकता पूर्ण नहीं हो पायी है। कला निश्चित रूप से प्रतीक है, पूरी तरह से प्रतीक, अर्थात् पूर्ण रूपेण विशिष्ट, किन्तु प्रतीक किसकी? इसका अर्थ क्या है? अन्तर्बोध सच्चे अर्थ में कलात्मक (सच्चा अन्तर्बोध, ढेर सारे बिम्बों के गड़बड़झाले से भिन्न) तभी होता है जब इसे जीवंत करनेवाला कोई अत्यन्त प्राणवान् प्रनियम हो जो इसे एकता एवं स्वयंपूर्णता प्रदान करे। यह प्रनियम क्या है?

इस प्रश्न का उत्तर कला के क्षेत्र में हुए सबसे बड़े वैचारिक संघर्ष के परीक्षण से मिल सकता है (और यह संघर्ष केवल उसी युग तक सीमित नहीं है जो इसी संघर्ष के नाम से जाना जाता है और जिसमें यह सर्वाधिक प्रबल था)। हमारा संकेत स्वच्छन्दतावाद और आभिजात्यवाद के संघर्ष की ओर है। छोटी-मोटी प्रासंगिक परिभाषाओं को छोड़ कर स्वच्छन्दतावाद की सामान्य सुविधाजनक परिभाषा यह है कि इसमें कला से सबसे पहले अनुराग और घृणा, पीड़ा एवं प्रसन्नता, निराशा तथा

उल्लास आदि भावों का स्वच्छन्द एवं वेगवान् उच्छलन होता है। इस अपेक्षा की पूर्ति लगभग वाक्यांशों तथा खंडित एवं अस्पष्ट शैली में व्यक्त अस्पष्ट ध्वन्यर्थों से, तथा वायवी एवं अनिश्चित बिम्ब-विधानों और धुँधले फिर भी सशक्त रेखांकनों से हो जाती है। इसके विपरीत आभिजात्यवाद शान्त आत्मा, बुद्धिमत्तापूर्ण आकार-कल्पना (डिजाइन), बाह्य रूप-रेखा में मुख्य विशेषताओं को व्यक्त करनेवाली आकृतियाँ, चिन्तन, संतुलन तथा स्पष्टता चाहता है। पहली प्रवृत्ति अनुभूतिपरक है तो दूसरी आग्रहपूर्वक चित्रण पर बल देती है। इन दोनों में से जिस भी दृष्टिकोण को कोई अपना लेता है उसे अपने समर्थन तथा प्रतिपक्ष के खंडन के लिए ढेर सारे तर्क मिल जाते हैं। जैसे, स्वच्छन्दतावादियों का यह कहना कि कला सुन्दर बिम्ब–प्रतिमाओं से सम्पन्न भले हो यदि वह हृदय में नहीं बैठ जाती तो किस काम की? और, दिल में बस जाती है तो प्रतिमाओं के सुन्दर न होने से क्या फर्क पड़ता है? दूसरे पक्ष का यह कहना है कि स्तंभित कर देने वाले भावों का क्या उपयोग यदि हमारी चेतना के टिकने के लिए कोई बिम्ब न हों? और, यदि बिम्ब सुन्दर हैं, यदि रुचि सन्तुष्ट होती है तो उन सारे भावों की अनुपस्थिति से क्या फर्क पड़ता है क्योंकि वे तो जीवन में, कला की सीमा के बाहर भी, आवश्यकता से अधिक मिल जाते हैं। दोनों ही दृष्टिकोण अपूर्ण हैं और इन दोनों के पक्ष में दिये जानेवाले सारहीन तर्कों को सुनते-सुनते जब हम थक जाते हैं और इसके साथ-साथ जब स्वच्छन्दतावादी तथा आभिजात्यवादी परम्परा में बनीं भावालोड़ित करने वाली अथवा ऊष्माहीन पच्चीकारीवाली साधारण कृतियों के स्थान पर महान् कलाकारों (उनके अनुयायियों की नहीं) की महान् कृतियों (साधारण स्तर की कृतियाँ नहीं) पर ध्यान केन्द्रित करते हैं तो हमारे भीतर चल रही उथल-पुथल शान्त होने लगती है और तब इन कृतियों को हम न स्वच्छन्दतावादी कह पाते हैं न आभिजात्यवादी न प्रतिरूपणात्मक। वे आभिजात्यवादी और स्वच्छन्दतावादी दोनों ही होती हैं क्योंकि वे अनुभूति और उसका प्रतिरूपण होती हैं, या कहें, एक सशक्त अनुभूति जो अत्यंत उज्जवल गोचर रूप बन गयी हो। उदाहरणस्वरूप, आभिजात्य (हेलेनिक) कलाकृतियाँ ऐसी ही हैं। मध्ययुग का अनुभवातीतवाद (ट्रांसेडेंटलिज्म) दाँते के त्रिचरणीय छन्दों में चिरस्थ हो गया है; पेत्रार्क की चतुर्दशपदियों और गीतों की पारदर्शिता में उदास और सौम्य कल्पना की उड़ान; आरियोस्तो की साफ़-सुथरी अष्टपदियों में व्यक्त प्राचीन बोधकथाओं में समाहित जीवन के अनेक गहन अनुभव तथा उसके विनोदी पक्ष; फोस्कोलो के [15 मात्राओं वाले] एकादश अक्षरी शुद्ध अतुकांत छन्दों में व्यक्त वीर-भाव और मौत का एहसास और ज्याकोमो ल्योपार्दी के गम्भीर और शुष्क गीतों में संसार का वैविध्य सदैव के लिए स्थिर हो गये हैं। अन्त में, (यह बात मैं कोष्ठक में कहना चाहूँगा और इसकी तुलना अन्य उदाहरणों से करने की आवश्यकता भी नहीं है) अन्तर्राष्ट्रीय

ह्रासवाद के मांसल सौष्ठव और उसकी पाशविक ऐंद्रियता को पूर्ण अभिव्यक्ति मिली है इटली के दा'न्युंत्सियों के गद्य और पद्य में। ये सभी कलाकार भीतर ही भीतर बहुत गहराई में आवेग को अनुभव करते थे (यहाँ तक कि वह गम्भीर लोदोविको आरियोस्तो भी जो इतना रसिक, इतना सौम्य था कि अपने आवेग को बहुधा मुसकान में छिपा लेता था)। उनकी कृतियाँ आवेग के जल में जन्मे शाश्वत कमल के समान हैं।

इन अभिव्यक्तियों और समीक्षात्मक निर्णयों को सिद्धान्त के रूप में प्रस्तुत करने का एक ही सूत्र हो सकता है--'अन्तर्बोध को एकता एवं सुसंबद्धता (कोहरेन्स) प्रदान करने वाला तत्त्व अनुभूति है।' अन्तर्बोध के इस रूप में होने का कारण यही है कि वह अनुभूति को निरूपित करता है, उसी से उद्भूत और उसी पर प्रकट भी होता है। प्रतीक को वायवी सूक्ष्मता प्रदान करने वाला तत्त्व प्रत्यय नहीं अनुभूति है। प्रतिरूपण के वृत्त में संवृत्त आकांक्षा का नाम ही कला है। इसमें आकांक्षा प्रतिरूपण का प्रतिनिधित्व करती है और प्रतिरूपण आकांक्षा का। प्रबन्ध-काव्य और गीतिकाव्य, या, नाटक और गीतिकाव्य एक ही अविभाज्य वस्तु के शास्त्रियों द्वारा किये गये भेद हैं। कला सदैव गीतिमय होती है—अर्थात, उसकी प्रबंधात्मकता तथा नाटकीयता अनुभूतिमय ही होती है। वस्तुतः सच्ची कलाकृतियों में हम जिस बात की प्रशंसा करते हैं वह है कल्पनात्मक रूप को प्राप्त हुई आत्मा की विशिष्ट स्थिति, इसी को कलाकृति का जीवन, एकता, दृढ़ सुसंबद्धता तथा पूर्णता कहा जाता है। मिथ्या और अपूर्ण रूपों में अरुचिकर लगनेवाला तत्त्व है आत्मा की विभिन्न स्थितियों (जिनमें अभी तक संगति नहीं बन पायी है) में परस्पर संघर्ष, उनमें वर्गीकरण, उनका घालमेल, उनकी अनिश्चित पद्धति जिनमें सतही एकता केवल रचयिता की इच्छा-शक्ति से ही आ पाती है, और रचयिता इस उद्देश्य की सिद्धि के लिए किसी अरूप योजना या विचार अथवा किसी अकलात्मक तीव्र आवेग का सहारा लेता है। बिम्ब-समूहों की कतार की कतार गुज़र जाती है और हम विभ्रम में अविश्वस्त से खड़े रह जाते हैं। वैसे एक-एक बिम्ब को यदि अलग से लें तो उसकी शक्ति पर अविश्वास नहीं किया जा सकता। इसका कारण यह है कि हम यह नहीं अनुभव करते कि वे आत्मा की विशेष स्थिति से, या (चित्रकारों की भाषा में) 'अनुशीलन' से, या प्रेरणा से निःसृत हैं। उनके एक दूसरे के पीछे आने, भीड़ लगा देने में कोई निश्चित ताल या बलाघात नहीं होता जो केवल हृदय-जन्य ही होता है। और, एक आकृति को उसकी पृष्ठभूमि से काट दिया जाय, या, किसी भिन्न पृष्ठभूमि में रख दिया जाय तो वह क्या रह जाती है? किसी नाटक अथवा वीरकाव्य का नायक अन्य चरित्रों तथा मुख्य कार्य से कट कर क्या रह

जाता है? और, मुख्य कार्य का भी क्या मूल्य है यदि वह रचयिता की चेतना की कृति नहा है? इस सन्दर्भ में नाट्य एकता से सम्बद्ध दीर्घ कालीन विवाद पर्याप्त रोचक हैं। पहले ये नाट्य सीमा के बाहर समय और स्थान की अवधाराणओं के आधार पर 'कार्य-एकता' से सम्बद्ध होते हैं, फिर, अन्त में प्रयोजन-एकता से सम्बद्ध हो जाते हैं और यह दर्शाया जाता है कि प्रयोजन कवि को अनुप्राणित करनेवाली उसकी चेतना से उद्भूत आदर्श में समाहित हो जाना चाहिए। स्वच्छंतावादियों और आभिजात्यवादियों के बीच महत्त्वपूर्ण विवाद का निषेधात्मक पक्ष बड़ा रोचक है क्योंकि यह उस कला के निषेध से उद्भूत था जो आत्मा को ऊष्मारहित अनुभूति, व्यवहार जगत् में अनुभूति के उत्पात, अथवा, भावन क्रिया में परिणत न हो पायी अनुभूति में भटकाता था। ऐसी ही एक अन्य कला के निषेध से भी इसका जन्म हुआ था जो बिम्बों की सतही स्पष्टता (जो या तो मिथ्या का सही-सही रेखांकन हो, या, सही शब्द का प्रयोग हो) से प्रेरणा के अभाव और कलात्मक औचित्य की न्यूनता को छिपाना चाहती है ताकि इसने जो कुछ सृजित किया है उसकी सार्थकता सिद्ध हो सके। एक अंग्रेज़ द्वारा कहा गया तथा पत्रकारिता में प्रतिदिन की चर्चा का विषय बन गया प्रसिद्ध वाक्य है, "सभी कलाओं में संगीत की स्थिति में पहुँच जाने की प्रवृत्ति होती है।" इसका अभिप्राय यदि इस बात पर बल देना है कि कलात्मक बिम्बों का उत्स अनुभूति है तो यह कहना अधिक युक्तिसंगत होगा कि सभी कलाएँ संगीत हैं। यहाँ, निश्चित ही उन कलाओं को छोड़ देना होगा जिनकी रचना एकदम यंत्रवत् होती है, या, जो अत्यधिक यथार्थवादी हैं। इसी तरह स्विट्ज़रलैंड निवासी अर्धदार्शनिक द्वारा कहा गया एक और प्रसिद्ध वाक्य है (जिसका नित्य प्रति की चर्चा का विषय बन जाना उसका भाग्य समझें या दुर्भाग्य)—"प्रत्येक भू-दृश्य चित्र आत्मा की एक स्थिति है।" यह निर्विवाद है, इसलिए नहीं कि भू-दृश्य चित्र एक चित्र है वरन् इसलिए कि भू-दृश्य चित्र एक कला है।

सारांश यह कि कलात्मक अन्तर्बोध सदैव एक गीतात्मक अन्तर्बोध है। इसमें बाद का शब्द (गीतात्मक) पहले (अंतर्बोध) का विशेषण अथवा परिभाषा बन कर नहीं पर्यायवाची बन कर आया है। अन्तर्बोध को निर्दिष्ट करनेवाले जिन भी पर्यायवाचियों की मैं चर्चा कर आया हूँ उन्हीं की पंक्ति में इसे भी रखा जा सकता हैं। और, यदि यह अधिक सुविधायुक्त लगे कि व्याकरण की दृष्टि से यह पर्यायवाची के स्थान पर विशेषण ही कहा जाना चाहिए तो इसका प्रयोजन उस अन्तर को स्पष्ट करना होगा जो अन्तर्बोधी बिम्ब-विधान या बिम्बों के संकुल (जिसे हम प्रतिमा कहते हैं वह सदैव बिम्बों का संकुल होता है कयोंकि विचारों की इकाइयों की भाँति ही बिम्बों की इकाइयों का भी अस्तित्व नहीं होता), जो एक जीवधारी की तरह अपनी ही भीतरी

जीवनी शक्ति से परिचालित होता है तथा जिसे हम सच्चा एवं सही अन्तर्बोध कहेंगे, और उस झूठे अन्तर्बोध के बीच होगा जो मात्र बिम्बों का ढेर होता है जिसे खेल-खेल में या मात्र गणना के लिए अथवा किसी व्यावहारिक उद्देश्य से इकट्ठा भर कर दिया जाता है। व्यवहार के धरातल पर सम्बद्ध इस बिम्ब-समूह पर जब कलात्मक दृष्टि से विचार किया जाता है तो उसमें यांत्रिक एकता मिलती है न कि जैव एकता। शास्त्रार्थ की दृष्टि से व्याख्या प्रस्तुत करने के अतिरिक्त गीतात्मक शब्द का कोई मूल्य नहीं है। कला की परिभाषा केवल अन्तर्बोध कहने से भी अपने में पूर्ण हो जाती है।

कला सम्बन्धी भ्रांतियाँ

जिन तथ्यों एवं कार्यों को भ्रम से कला समझ लिया जाता है उनसे कला का भेद स्थापित करने की प्रक्रिया (जिस पर अभी मैंने संक्षेप में विचार किया है) पर्याप्त मानसिक श्रम की अपेक्षा रखती है किन्तु इस श्रम के पुरस्कारस्वरूप हम उन अनेक मिथ्या भेदों से मुक्ति पा जाते हैं जिनसे कलाशास्त्र के क्षेत्र की स्वच्छता नष्ट हो गयी है। ये भ्रम यद्यपि कोई कठिनाई नहीं पैदा करते फिर भी शुरू-शुरू में इनकी सुगमता एवं छलपूर्ण स्वयं-प्रामार्णिकता धोखे में डाल देती है और कला सचमुच क्या है इसे समझने का मार्ग अवरुद्ध हो जाता है। बहुत से लोग जो घटिया परम्परागत भेदों को ही बार-बार दुहराने के इच्छुक होते हैं इन अवरोधें से डर कर अपने अज्ञान को स्वीकार कर स्वेच्छया अलग हट जाते हैं। इसके विपरीत, हम लोग सिद्धान्ततः जिस नयी स्थिति में पहुँच गये होते हैं उससे आगे बढ़ने की प्रेरणा से अपनी नयी योजना में इन सारे अवरोधों को व्यर्थ मान कर अस्वीकार कर देते हैं और इस तरह सक्षमता की भावना का अनुभव करते हुए अधिक सुख की अनुभूति करते हैं। संपन्नता केवल अनेक वस्तुओं को हस्तगत कर लेने से ही नहीं आती आर्थिक ऋण की मुक्ति से भी प्राप्त होती है।

सौन्दर्यशास्त्र के क्षेत्र में ऐसे ही एक आर्थिक ऋण से हम अपनी चर्चा आरम्भ कर रहे हैंः यह है वस्तु-तत्त्व और रूप-तत्त्व का भेद जिसने 19वीं शताव्दी में दो अलग-अलग सम्प्रदाय ही प्रतिष्ठित कर दिये थे—वस्तुवादी और रूपवादी। जिन समस्याओं ने इन सम्प्रदायों को जन्म दिया उन्हें सामान्यतः यों रखा जा सकता हैः

(क) क्या कला केवल वस्तुस्वरूपा है? केवल रूपस्वरूपा है? या, वस्तु-एवं रूप की युग्मनस्वरूपा है?

(ख) वस्तु की प्रकृति कया है? और, कला-रूप की प्रकृति क्या है?

कुछ लोगों के उत्तर थे कि कला का सार पूर्णतया उसकी वस्तु में निहित है और इस आधार पर उनकी परिभाषा थी—वह जो सुख दे, या, वह जो नैतिक है, या, वह जो मनुष्य को धर्म अथवा तत्त्वमीमांसा के स्वर्ग तक ऊँचा उठाये, या, वह जो ऐतिहासिक दृष्टि से समुचित है, अथवा, अन्ततः वह जो प्रकृत रूप से एवं भौतिक

रूप से सुन्दर है। दूसरों का कहना था कि वस्तु स्वयं में निर्विराष है, यह सुन्दर रूप [को नाम देने] के लिए केवल बहाना है, सहारा है। रूप ही हमारी सौन्दर्य चेतना—एकता, संगति, सममिति आदि—को सन्तुष्ट करता है। इस प्रक्रिया में दोनों ही पक्षों ने उन तत्त्वों को भी समेट लेने का प्रयास किया जिन्हें वे पहले कला के सत्त्व में से गौण अथवा उपाश्रित कह कर बहिष्कृत कर चुके थे। वस्तुवादियों ने स्वीकार किया कि सुंदर रूप—एकता, संगति, सममिति—से स्वयं को अलंकृत करना वस्तु (जो उनके अनुसार सौन्दर्य का रचनागत मूल तत्त्व है) के हित में है। दूसरी ओर, रूपवादियों का कहना था कि कला वस्तु के मूल्य के प्रवेश से भले मूल्यवान् न बनती हो किन्तु उसके प्रभाव में वृद्धि अवश्य हो जाती है क्योंकि ऐसा होने से उसमें दोनों मूल्यों का योग हो जाता है। इन सिद्धान्तों की व्याख्या को यद्यपि सर्वाधिक महत्त्व जर्मनी में हीगेलवादियों तथा हेरबार्टवादियों द्वारा दिया गया किन्तु सौन्दर्यशास्त्र के इतिहास में ये सिद्धान्त कम-अधिक सभी कालों—प्राचीन, मध्ययुगीन, आधुनिक तथा अत्याधुनिक—में पाये जाते हैं। इनका महत्त्व इस बात से आँका जा सकता है कि साधारण जन भी इन्हीं को केन्द्र मान कर बहुधा कहते सुने जाते हैं कि अमुक नाटक का रूप तो सुन्दर है पर वस्तु की दृष्टि से वह एक दम असफल है; अमुक कविता की कल्पना तो बड़ी सुन्दर है किन्तु छंद रचना बिलकुल भद्दी है; अमुक चित्रकार और भी महान् हो सकता था यदि उसने अपनी आकार-कल्पना और रंग-योजना तुच्छ विषयों पर व्यर्थ न गँवायी होती। उसे, वस्तुतः, ऐतिहासिक, देशभक्तिपूर्ण या सामाजिक चरित्र लेने चाहिए थे। यहाँ, यह कहना आवश्यक प्रतीत हो रहा है कि कला की सुन्दर अभिरुचि तथा सच्ची आलोचनात्मक प्रतिभा रखनेवालों को इन सिद्धान्तों के प्रभाव में आ कर किये गये गलत निर्णयों से अपना बचाव कदम-कदम पर करना पड़ता है। ये सिद्धान्त ऐसे हैं जिनमें दर्शनिक भी भीड़ का एक हिस्सा बन जाते हैं और भीड़ अपने को दार्शनिक समझने लगती है क्योंकि उसका निर्णय भीड़ बन गये दार्शनिकों के निर्णय से मेल खाने लगता है। इन सिद्धान्तों का जन्म हमारे लिए कोई रहस्य नहीं है। उपर्युक्त संक्षिप्त व्याख्या से स्पष्ट हो जाता है कि इनका जन्म कला की सुखवादी, नीतिवादी, अवधारणामूलक और भौतिकवादी धारणाओं से हुआ है। ये सभी सिद्धान्त कला को उसके यथार्थ रूप में समझने में असफल हैं किन्तु इन्हें मानने वालों की यह विवशता है कि जिस वस्तु को उन्होंने पहले अपने हाथों से खिसक जाने दिया था उसे पुनः हस्तगत करने के लिए प्रयत्नशील हों। और, उनके सामने समस्या यह होती है कि हाथ से खिसक गयी उस वस्तु को सहायक अथवा आकस्मिक तत्त्व के रूप में अपने सिद्धान्त में फिर से प्रवेश कैसे दें? वस्तुवादियों ने इसकी कल्पना रूप का एक अमूर्त तत्त्व मानकर की, उधर रूपवादियों ने इसे वस्तु का अमूर्त तत्त्व कहा। इन सिद्धान्तों में

हमारी रुचि का कारण वह तर्क पद्धति है जिससे वस्तुवादी स्वेच्छया रूपवादी बन जाते हैं और उधर रूपवादी वस्तुवादी बन जाते हैं। दोनों एक दूसरे का स्थान ले लेते हैं किन्तु वहाँ उन्हें सन्तोष होता नहीं। अपनी व्यग्रता में वे पुनः अपने-अपने स्थान पर और व्याकुल होने के लिए लौट आते हैं। हेरबार्ट के 'सुन्दर रूपों' और हीगेलवादियों की 'सुन्दर वस्तुओं' में कोई अन्तर नहीं है क्योंकि दोनों ही शून्य हैं। इन दार्शनिकों के अपनी कैद से बाहर निकलने के प्रयास—इसकी दीवारों और दरवाजों को कमजोर करने के लिए मारे गये धक्के—और कभी-कभी हवा के लिए झरोखे बना लेने में उनकी सफलता आदि बड़े रोचक हैं। उनके प्रयास उतने ही विकृत और असफल हैं जितने वस्तुवादियों के (इसे हार्टमान के 'सौन्दर्य का दर्शन' में देखा जा सकता है) जो एक-एक टाँका जोड़ कर 'सुन्दर वस्तु' (जो सुन्दर, उदात्त, हास्यकर, कारुणिक, परिहासपूर्ण, दयनीय, ग्राम्य आदि, आदि है) का जाल बुनते हैं जिसमें वे यथार्थ के सभी पक्ष समेट लेना चाहते हैं यहाँ तक कि उन पक्षों को भी जिन्हें वे कभी कुरूप कह चुके होते हैं। इस प्रक्रिया में उनका ध्यान इस बात पर जाता ही नहीं कि उनके सौन्दर्यशास्त्रीय विषय में धीरे-धीरे समस्त यथार्थ समाता जा रहा है और (चूँकि समग्र यथार्थ के परे कोई वस्तु होती ही नहीं) उनके विषय की वह विशेषता जो पहले उसे अन्य विषयों से अलग करती थी अब नहीं रह गयी है। दूसरे शब्दों में उनका मूलभूत सिद्धान्त मूल से ही निषिद्ध हो गया है। ये पुनरुक्तियाँ उन रूपवादी सिद्धान्तज्ञों की उक्तियों जैसी ही थीं जो सुन्दर वस्तु की अवधारणा में तो विश्वास रखते थे किंतु उसकी परिभाषा यों करते थे—"वह जो मुनष्य को रुचे"—और रुचि उनकी दृष्टि में विभिन्न ऐतिहासिक परिस्थितियों में बद्ध मनुष्य अर्थात् व्यक्ति सापेक्ष थी। मूल योजना के निषेध का यह दूसरा मार्ग था कयोंकि यह तो स्पष्ट है कि यदि कलाकार की अपनी कृति के सिद्धान्त या समस्या में रुचि नहीं होती तो उसने कलाकृति का निर्माण ही नहीं किया होता। विषय कला तभी बनता है जब कलाकार उसमें रुचि लेता है और उसका कला-रूप में निर्माण करता है। रूपवादियों द्वारा यह वास्तविकता से बचना है। इन्होंने पहले कला को वस्तुरहित सुन्दर रूपों में सीमित कर दिया; ये रूप स्वयं में शून्य थे फिर भी वस्तुओं की पंक्ति में जुड़ कर दुहरे मूल्य बनने में सक्षम थे। फिर, डरते-डरते इन सुन्दर रूपों में वस्तु धन रूप की संगति का प्रवेश करा दिया, अथवा, अधिक दृढ़तापूर्वक उन्हें (रूप एवं वस्तु को) एक प्रकार से भानमती के पिटारे में बराबर का हिस्सेदार बना दिया जिसका मूल मन्त्र है—'कला सुन्दर वस्तु और सुन्दर रूप के बीच एक प्रकार का सम्बन्ध है।' ऐसी गलती गठ-जोड़ बैठानवाले ही कर सकते हैं कि जो गुण परस्पर सम्बन्धों के बाहर हैं उन्हें सम्बन्धों के भीतर मान लें।

सच यह है कि कला में वस्तु और रूप का भेद तो स्पष्ट होना चाहिए किन्तु

उन्हें अलग-अलग रख कर कलात्मक विशेषण से परिभाषित नहीं किया जा सकता क्योंकि, तथ्यतः, उनका परस्पर सम्बन्ध ही कलात्मक होता है। यह कलात्मकता उनकी एकता में निहित है और यह कोई अमूर्त, मृत एकता नहीं होती वरन् मूर्त एवं जीवन्त होती है, यह प्रागनुभव की संश्लिष्ट एकता-रूप होती है। अन्तर्बोध में अनुभूति और बिम्बों का प्रागनुभूत सच्चा सौन्दर्यमय संश्लेषण ही कला है। दूसरे शब्दों में, अनुभूति बिना बिम्बों के अन्धी है और बिम्ब बिना अनुभूति के खोखला। जहाँ तक कला-चेतना का प्रश्न है अनुभूति और बिम्ब का उक्त संश्लेषण के बाहर कोई अस्तित्व नहीं है। ज्ञान के किसी अन्य स्तर पर किसी अन्य दृष्टिकोण से उनका स्वतन्त्र अस्तित्त्व हो सकता है। पर ऐसी स्थिति में अनुभूति चेतना का एक व्यावहारिक पक्ष होगी वह पक्ष जो प्रेम और घृणा करता है, इच्छा और अनिच्छा करता है। उधर बिम्ब कला का प्राणरहित शेषांश होगा, एक मुरझायी हुई पत्ती की तरह जो कल्पना की हवा पा कर मन की तरंग के इशारे पर मनोरंजनार्थ इधर-उधर भटकता रहता है। कलाकार या सौन्दर्यशास्त्री का इससे कोई सम्बन्ध नहीं है क्योंकि कला न तो खाली बैठे की कल्पना है न उपद्रवी आवेश। इसके विपरीत, कला ऐसा कर्म है जो हमें उपर्युक्त परिस्थितियों के पार ले जाता है। और, स्पष्ट कहें तो उपर्युक्त व्याकुलता के स्थान पर कला एक ऐसी व्याकुलता है जिसमें कलात्मक सृजनशीलता के सुख एवं पीड़ा के साथ भावन तथा सृजन की लालसा होती है। इसलिए, यह प्रश्न ही व्यर्थ है कि कला वस्तुस्वरूपा है अथवा रूपस्वरूपा। यह प्रश्न केवल प्रश्न के लिए ही है। हमें सदैव वस्तु को रूपमय और रूप को वस्तुपूरित देखना चाहिए। दूसरे शब्दों में, अनुभूति रूपाकृत अनुभूतिमय और रूपाकृति अनुभूत आकृतिमय देखी जानी चाहिए। इतिहास को उसके प्रति आभारी होना चाहिए जो कला की स्वतन्त्रता (अन्य निरपेक्षता) की अवधारणा का सम्मान करना चाहता था और "रूप" शब्द के द्वारा इसी स्वतन्त्रता को प्रामाणिकता प्रदान करना चाहता था। इससे उसने एक ओर तथाकथित दार्शनिकों और नैतिकतावादियों के अमूर्त वस्तुवादी सिद्धान्त तो दूसरी ओर शास्त्रकोविदों (ऐकेडेमीशियन्स) के अमूर्त रूपवाद का एक साथ खंडन किया। द सांक्तिस के प्रति मेरा नम्र निवेदन है, विशेष रूप से इसलिए भी क्योंकि कला को चेतना की अन्य किसी भी प्रकार की क्रिया के भीतर समेट लेने के विरुद्ध तर्क करने की हमेशा आवश्यकता पड़ती रहेगी, कि अन्तर्बोध के सौन्दर्यशास्त्र को "रूपगत सौन्दर्यशास्त्र" भी कहा जा सकता है। यहाँ एक आपत्ति निश्चित रूप से उठायी जा सकती है (जिसमें एक तार्किक की तर्कना तो हो सकती है पर वैज्ञानिक की सूक्ष्मता नहीं और जिसका खंडन करने की भी आवश्यकता नहीं है) कि अन्तर्बोध का सौन्दर्यशास्त्र कला की वस्तु के रूप में अनुभूति अथवा आत्मा की विशेष स्थिति को स्वीकार करता है जो इस दृष्टि से अन्तर्बोध के बाहर की चीज़ ठहरती है और

प्रकारांतर से यह स्वीकार करता है कि वह वस्तु जो अनुभूति नहीं है या आत्मा की विशेष स्थिति नहीं हैं कलात्मक रचना के उपयुक्त नहीं हो सकती और उसे कलात्मक वस्तु नहीं कहा जा सकता। अनुभूति अथवा आत्मा की स्थिति विशेष कोई विशिष्ट वस्तु नहीं है। पूरा दृश्यमान संसार ही अन्तर्बोध है, इसके बाहर कोई भी ऐसी वस्तु नहीं है जो सोची जा सकती हो और जो अन्तर्बोधमय रूप का ही अन्य प्रकार न हो। विचारमय संसार के बाहर कोई विचार नहीं है; व्यवस्था-रूप और सार-रूप संसार के बाहर न भौतिक वस्तुएँ हैं न गणितीय वस्तुएँ; संकल्पमय संसार के बाहर कोई इच्छा नहीं है।

एक अन्य मिथ्या भेद (जिसके साथ 'वस्तु' और 'रूप' शब्द जोड़ दिये जाते हैं) अन्तर्बोध को अभिव्यक्ति से विलग करता है, यह है बिम्ब को उसके गोचर भाषामय रूप से अलग करना। यह अनुभूतियों के मिथ्याभास तथा मनुष्यों, पशुओं, प्राकृतिक दृश्यों, कार्य-व्यापारों, साहसिक अभियानों की बिम्ब प्रतिमाओं को एक ओर रखता है तो दूसरी ओर ध्वनियों, स्वरों, रेखाओं, रंगों आदि को रखता है। प्रथम को यह कला का बाह्य, द्वितीय को उसका आंतरिक तत्त्व मानता है: एक को कला, दूसरे को कौशल कहता है। इस तरह का बाहरी और भीतरी भेद शब्दों में करना सरल है तब जब इस प्रकार के भेद के पीछे उसके आधार तथा उद्देश्य के बारे में कोई सूक्ष्म जाँच न करनी हो और जब इस भेद से आगे कोई काम न लेना हो। ऐसे समय में यह इतना आसान होता है कि इसके बारे में बिना कुछ सोचे-विचारे इसकी सत्यता के बारे में हम निश्चिंत हो जाते हैं। किन्तु, जब भेद स्थापित करने की स्थिति से निकल कर उनमें परस्पर सम्बन्ध स्थापित करने तथा एकसूत्रता लाने का प्रयास करते हैं तब स्थिति एकदम बदल जाती है क्योंकि तभी एक से बढ़ कर एक अवरोध सामने आने लगते हैं। यहाँ पर जिनमें भेद स्थापित किया गया है उनमें एकसूत्रता कभी लायी ही नहीं जा सकती क्योंकि यह भेद बड़े भद्दे ढंग से स्थापित किया गया है। जो भीतरी तत्त्व के बाहर और उससे असंबद्ध है वह भीतरी तत्त्व से एकसूत्र होकर उसे अभिव्यक्ति कैसे दे सकता है? एक ध्वनि या रंग ध्वनिरहित या वर्णरहित बिम्ब को अभिव्यक्ति कैसे दे सकता है? एक अशरीरी शरीर को अभिव्यक्ति कैसे दे सकता है? किसी एक ही क्रिया में कल्पना और चिन्तन यहाँ तक कि प्राविधिक (टेक्निकल) क्रिया का भी साहजिक संपात कैसे हो सकता है? यदि अन्तर्बोध को अभिव्यक्ति से अलग कर दिया जाय, यह समझ कर कि दोनों एक दूसरे से भिन्न हैं, तो मध्य-साधन की कोई भी विचक्षणता दोनों को कभी एक नहीं कर सकती। मनोवैज्ञानिकों द्वारा प्रस्तावित और उन्हीं के द्वारा बड़े श्रम से विकसित सम्बन्ध-योजन—अभ्यास, यन्त्रीकरण, विस्मृति तथा सहजातवृत्तीकरण आदि—की जितनी भी क्रियाएँ हैं उनके भीतर से दोनों की दरार उभर ही आती है: अभिव्यक्ति

इस ओर,बिम्ब दूसरी ओर रह जाता है। तब, इससे बचने का एक ही मार्ग रह जाता है—एक रहस्मय प्राक्कल्पना (हाइपोथेसिस) की शरण लेना जो काव्यात्मक अथवा गणितीय रुचि के अनुसार रहस्यमय एकाताभाव अथवा रहस्मय मनोदेहीय समांतरण (साइको फिजिकल पैरेलेलिज्म) का रूप ले लेता है। इनमें से प्रथम समांतरण पर गलत ढंग से विजय है और द्वितीय अति प्राचीन युग में अथवा अकल्पनीय भूतकाल में सम्पन्न हुआ एकात्मभाव है।

किन्तु रहस्य का सहारा लेने के पहले (यह सहारा तो कभी भी लिया जा सकता है) हमें यह छान-बीन कर लेनी चाहिए कि जो भेद दो तत्त्वों के बीच किया गया है क्या वह सही है? क्या बिना अभिव्यक्ति के अन्तर्बोध की कल्पना हो सकती है? हो सकता है किसी वस्तु का अस्तित्व अत्यन्त सूक्ष्म हो और इस सीमा तक अचिंत्य हो जैसे कि शरीररहित आत्मा का जिस पर दर्शन और धर्म में निश्चित रूप से बहुत अधिक चर्चा हुई है। किन्तु, किसी वस्तु के बारे में चर्चा करना और उसकी अनुभूति एवं संकल्पना करना एक ही बात नहीं है। सत्य यही है कि हम अभिव्यक्त हुए अन्तर्बोध के अतिरिक्त कुछ जानते ही नहीं। विचार हमारे लिए तब तक विचार नहीं है जब तक उसे शब्दबद्ध करने की सम्भावना नहीं बन जाती। एक संगीतमय बिम्ब का अस्तित्व हमारे लिए तभी होता है जब वह ध्वनियों में मूर्त हो जाता है। एक दृश्य-बिंब-विधान वर्णमय होकर ही अस्तित्व में आता है। हम यह नहीं कहते कि शब्द ऊँची (सुनी जाने योग्य) आवाज में बोले ही जायँ, संगीत सुनाया ही जाय, चित्र लकड़ी या कैनवस पर रँगा ही जाय। किन्तु, यह निश्चि है कि विचार जब सचमुच विचार रूप लेता है, जब वह विचार की परिपक्वावस्था तक पहुँच जाता है तो शब्द हमारे पूरे शरीर में व्याप्त हो जाते हैं, मुँह की मांस-पेशियाँ उन्हें महसूस करती हैं और कानों के भीतर ही भीतर उनकी आवाज भी होती है। संगीत जब सचमुच संगीत का रूप लेता है तो उसका कंपन गले और स्वरों को निकालने वाली उँगलियों में महसूस होता है। चित्रात्मक प्रतिमा जब सचमुच चित्रमय होती है तो हम वर्णमय रस से भर जाते हैं और यदि हमारे पास रँग न हों तो सम्भव है हम अपने आसपास की वस्तुओं को सहज ही एक प्रकार की आभा से रंग डालें, जैसा कुछ वातोन्मादी तथा संतों के बारे में कहा भी जाता है कि वे अपनी कल्पना शक्ति से ही अपने हाथों-पाँवों में धब्बे उभार लेते थे। विचार, संगीतमय कल्पना और चित्रात्मक प्रतिमा बिना अभिव्यक्ति के अस्तित्वमान नहीं होती। वस्तुतः, चेतना की इस अभिव्यक्तिपूर्ण स्थिति के पहले उनका अस्तित्व होता ही नहीं। उनके इस स्थिति के पूर्व अस्तित्व में विश्वास करना भोलापन है ठीक वैसे ही जैसे उन अशक्त कवियों, चित्रकारों या संगीतज्ञों में विश्वास करना जो कहते हैं कि उनका मास्तिष्क काव्यत्मक, चित्रात्मक और संगीतात्मक कल्पनाओं से भरा रहता है किन्तु वे उन्हें

गोचर भाषा में रूपांतरित नहीं कर पाते क्योंकि उन कल्पनाओं को अभिव्यक्ति देने का धैर्य उनमें नहीं है, या, जैसी अभिव्यक्ति वे देना चाहते हैं उसके उपयुक्त साधन प्रदान करने का तन्त्र अभी पर्याप्त विकसित नहीं हुआ है। शताब्दियों पहले होमर, फीदियास और एपिलीज़ को वे सभी साधन मिल सकते थे किन्तु इन अशक्त कलाकारों के लिए वे पर्याप्त नहीं होते जो, यदि हम इन पर विश्वास करें, यह मान कर चलते हैं कि उनके सशक्त मस्तिष्क में अन्य सभी कलाकारों से महान् कला भरी हुई है। कभी-कभी यह सरल आत्मविश्वास अपने बारे में गलत धारणा बन जाने से भी होता है। जैसे, हमने कभी कोई कल्पना की हो और फलस्वरूप कुछ बिम्बों की अभिव्यक्ति हुई हो तो हम यह मान बैठते हैं कि हमारे भीतर पहले से ही वे समस्त बिम्ब हैं जो किसी कृति के लिए आवश्यक हैं। जब कि वस्तुस्थिति यह होती है कि हमारे पास न वे बिम्ब-समूह होते हैं न उनको जोड़ने वाला जीवन्त सूत्र जो वास्तव में अभी बना ही नहीं है और इसलिए अभिव्यक्त भी नहीं हुआ है।

अन्तर्बोध की जैसी व्याख्या मैंने की है उस रूप में समझी जानेवाली कला अपने से बाहर भौतिक संसार के अस्तित्व का निषेध करती है। इसे वह केवल बौद्धिक संरचना के रूप में ही देखती है और इसलिए उसकी समझ में नहीं आता कि विचार तत्त्व और देश में फैले समांतरण (पैरेलेलिज़्म) का वह क्या करे? उसे दो विभिन्न तत्त्वों को एक करने की असंभव प्रक्रिया की भी आवश्यकता नहीं है क्योंकि उसका विचारक तत्त्व—या, उसकी अन्तर्बोधी क्रिया—अपने आप में पूर्ण है और वास्तव में वह वही है जो बाद में बुद्धि द्वारा गढ़ी गयी देश के आयाम में फैली संरचना है। और, जैसे अनभिव्यक्त बिम्ब अचिंत्य है उसी तरह बिम्ब जो अभिव्यक्ति भी हो चिंत्य है, और निश्चित ही न्याय की दृष्टि से आवश्यक भी है बशर्ते वह सचमुच बिम्ब हो। यदि कविता से हम उसका छन्द ताल और शब्द निकाल लें तो काव्यात्मक विचार भी (जैसी कुछ लोगों की धारणा है) शेष नहीं रह पाता, यद्यपि कुछ लोगों के मत से वह बचा रहता है। वस्तुतः, बचने के लिए कुछ रह ही नहीं जाता। कविता उन शब्दों, ताल और छन्द के रूप में ही जन्म लेती है। अभिव्यक्ति की तुलना जीवधारियों की बाह्य त्वचा से भी नहीं की जा सकती जब तक कि यह न कहा जाय (और शायद शरीरशास्त्र भी इसे मिथ्या नहीं कह सकता) कि सम्पूर्ण जीवधारी के प्रत्येक कोशाणु में और प्रत्येक कोशाणु के भी कोश में बाह्य त्वचा है।

अन्तर्बोध और अभिव्यक्ति के अभेद में भेद स्थापित करने के पीछे क्या सच्चाई हो सकती है अब मैं इस ओर भी संकेत कर देना चाहता हूँ अन्यथा भ्रांतियों को उचित परिप्रेक्ष्य में रखने के मेरे उद्देश्य में और जिस पद्धति को मैंने अपनाया है उसमें मेरे विश्वास में कमी रह जायगी (रूप-तत्त्व और वस्तु-तत्त्व के तथाकथित भेद पर विचार करते हुए मैं अच्छी तरह दिखला चुका हूँ कि इस भेद को माननेवालों का

वास्तविक उद्देश्य क्या था और उसे सिद्ध करने में कैसे असफल रहे)। कल्पना और प्रविधि का भेद युक्तिसंगत है यद्यपि कला के तत्त्वों के रूप में नहीं। वे परस्पर एकता के सूत्र में आबद्ध होते हैं किन्तु कला के क्षेत्र में नहीं उससे कहीं अधिक व्यापक समग्र चेतना-जगत् में। इसे अस्वीकार नहीं किया जा सकता कि कलाकार के सामने प्राविधिक या व्यावहारिक समस्याएँ एवं कठिनाइयाँ होती हैं जिनका समाधान आवश्यक है, या, जिन्हें दूर करना ही पड़ता है। इनके अतिरिक्त, वस्तुतः कुछ और भी है जो यथार्थ में भौतिक न होते हुए भी सत्यता के अन्य रूपों की तरह वास्तव में चेतना की क्रिया है और जिसे लक्षणा से अन्तर्बोध की तुलना में भौतिक कहा जा सकता है। यह और कुछ क्या है? हम देख आये हैं कि कलाकार का अंतस अभिव्यक्त बिम्ब-समूहों से कैसे स्पंदित रहता है और ये बिम्ब-समूह अनगिनत धाराओं में उसके सम्पूर्ण अस्तित्व से निःसृत होते रहते हैं। और, कलाकार स्वयंपूर्ण मनुष्य होने के नाते एक व्यावहारिक व्यक्ति भी होता है, फलतः वह अपनी चेतना के श्रम को नष्ट होने से बचाने के लिए उन बिम्ब प्रतिमाओं के पुनः उत्पादन में जुट जाता है जिससे वे उसे तथा दूसरों को भी सुलभ हो सकें। पुनः उत्पादन में सहायक बनने योग्य व्यावहारिक क्रियाओं में उसके व्यस्त हो जाने के पीछे यही इष्ट होता है। ये व्यावहारिक क्रियाएँ अन्य सभी व्यावहारिक क्रियाओं की भाँति ज्ञान द्वारा निर्देशित होने के कारण प्राविधिक कहलाती हैं तथा व्यावहारिक होने के कारण उन्हें भावन क्रिया से, जो ज्ञानात्मक है, भिन्न माना जाता है तथा उसकी सीमा के बाहर होने के कारण भौतिक माना जाता है। उनका यह नाम पड़ना और भी सरल इसलिए हो जाता है क्योंकि हमारी बुद्धि इन्हें सूत्र में ढाल कर स्थिर कर देती है। इस तरह, वर्ण-लिपि और स्वर-लिपि शब्दों और संगीत से संबद्ध हैं; चित्रकला के साथ रँगे हुए कैनवस, लकड़ी और दीवारों का सम्बन्ध है; मूर्तिकला और वास्तुकला के साथ कटे हुए नक्काशीदार पत्थर, विशिष्ट रूपों में ढली हुई लोहा, काँसा तथा अन्य धातुएँ योजित हैं। दोनों क्रियाएँ एक दूसरे से इतनी पृथक हैं कि अच्छी प्रविधि न अपनानेवाला भी महान् कलाकार हो सकता है। अपनी कविताओं का गलत प्रूफ़ जाँचनेवाला कवि कहला सकता है; अनुपयोगी सामग्री का उपयोग करनेवाला तथा भार-संतुलन (स्टेटिक्स) पर ध्यान न देनेवाला वास्तुकार एवं जल्दी खराब हो जाने वाले रंगों का उपयोग करनेवाला चित्रकार रूप में प्रसिद्ध हो सकता हैः प्राविधिक दोषों के इतने उदाहरण हैं कि उन्हें उद्घृत न करना ही अच्छा है। किन्तु दूषित छन्द रचना करने वाला महान् कवि नहीं हो सकता, उपयुक्त रंग-छटा न जाननेवाला महान् चित्रकार नहीं हो सकता, रेखाओं में सामंजस्य न रखने वाला महान् वास्तुकार और स्वरों में संगति न बैठा सकने वाला महान् संगीतकार नहीं हो सकता। संक्षेप में, स्वयं को अच्छी तरह से अभिव्यक्त न कर सकने वाला महान् कलाकार नहीं हो सकता।

राफेल के बारे में कहा जाता है कि यदि उसके हाथ न होते तो भी वह महान् चित्रकार होता पर यदि उसमें आकार-कल्पना और रंगों की समझ न होती तो उसका महान् चित्रकार होना असंभव था।

और, (चलते-चलते यह भी बतला दूँ क्योंकि अब आगे मुझे अपनी बात बहुत संक्षेप में कहनी है) अन्तर्बोध का भौतिक वस्तुओं में प्रत्यक्ष दिखलायी देनेवाला यह रूपांतरण—इसकी तुलना आवश्यकताओं तथा श्रम के वस्तुओं एवं व्यापारी माल में रूपांतरण से की जा सकती है—यह भी स्पष्ट कर देता है कि लोग 'कलात्मक वस्तुओं' और 'सुन्दर वस्तुओं' के साथ-साथ 'सुंदर प्रकृति' की भी चर्चा क्यों करते हैं। यह तथ्य हमारे सामने है कि बिम्ब-विधान के पुनः उत्पादन के लिए जो साधन तैयार किये जाते हैं उनके अतिरिक्त पहले से ही विद्यमान वस्तुओं—चाहे मनुष्य निर्मित या प्रकृति निर्मित—का भी इस कार्य के लिए उपयोगं हो सकता है, अर्थात, वे भी हमारे अन्तर्बोध की स्मृति को सुरक्षित कर लेने का साधन बन सकते हैं। इन्हीं को प्राकृतिक सौन्दर्य के नाम से जाना जाता है और उनके आकर्षण का प्रभाव हम पर तभी पड़ता है जब हम उन्हें समझने के लिए वही मनोदृष्टि रखें जिससे कलाकार या कलाकारों ने उन्हें समझा, उनका उपयोग किया, उन्हें मूल्य दिया और हमें उनकी ओर देखने के विशिष्ट दृष्टिकोण का संकेत दिया तथा उन्हें अपने अन्तर्बोधों से जोड़ा। प्राकृतिक सुंदर वस्तुओं की अपूर्ण अनुयोज्यता (अडैप्टिबिलिटी), अस्थिर स्वभाव तथा परिवर्तनशीलता के कारण उन्हें कला द्वारा निर्मित सौन्दर्य की तुलना में निम्न स्थान दिया जाता है जो उचित ही है। यह सिद्ध करने का काम कि माइकोलांजेलो की छेनी से निर्मित रचना या दाँते के छन्दों की अपेक्षा एक सुन्दर वृक्ष, सुंदर सरिता, विशाल पर्वत, यहाँ तक कि एक सुन्दर घोड़ा या सुन्दर मानव श्रेष्ठ है, हमें वाक्पटु पंडितों अथवा मत-वालों पर छोड़ देना चाहिए, किन्तु इतना हम अवश्य कहना चाहेंगे और यह अधिक उचित होगा कि प्रकृति कला की तुलना में जड़ है और जब तक मनुष्य उससे बुलवाता नहीं वह गूँगी है।

एक तीसरा भेद, जो अभिन्न को भिन्न करने का ही प्रयास है, कलात्मक अभिव्यक्ति की अवधारणा को विषय बना कर काल के आयाम में उसके दो भाग करता है—(i) अभिव्यक्ति अपने सीमित और वास्तविक अर्थमें, अर्थात्, मूल या शुद्ध अभिव्यक्ति; (ii) अभिव्यक्ति का सौन्दर्य, या, आलंकारिक अभिव्यक्ति। इस आधार पर अभिव्यक्ति के दो वर्ग किये गये—अनलंकृत और अलंकृत। इस सिद्धान्त के चिह्न हमें कला के विभिन्न क्षेत्रों में मिल सकते हैं किन्तु इसका सर्वाधिक विकसित रूप साहित्य के क्षेत्र में दिखायी देता है जहाँ यह 'अलंकारशास्त्र' की संज्ञा से विख्यात है। यूनानी आलंकारिकों से लेकर आज तक इसका एक लम्बा इतिहास है। आधुनिक युग में, यद्यपि, इसका पहले जैसा प्रभाव नही रह गया है फिर भी इसके

अवशेष सामान्य विश्वास के अतिरिक्त (जो स्वाभाविक है) विद्यालयों, साहित्यिक प्रबन्धों यहाँ तक कि वैज्ञानिक होने का दिखावा करनेवाले सौन्दर्यशास्त्र में भी मिलते हैं। गत अनेक शताब्दियों में उच्च मेधा-शक्तिसंपन्न व्यक्तियों ने भी, अकर्मण्यता अथवा परम्परा के दबाव में आ कर, इसे स्वीकार कर लिया है या जीवित रहने दिया है। कुछ लोगों ने विद्रोह किया भी पर वे अपने विद्रोह को वैसा व्यवस्थित रूप नहीं दे सके जैसा इस भ्रांति को जड़ से नष्ट करने के लिए आवश्यक था। अलंकारशास्त्र ने इस विचार के द्वारा कि अलंकार प्रकृत शब्द-प्रयोग से भिन्न है और उसकी अपेक्षा अधिक महत्त्वपूर्ण भी है जो हानि पहुँचायी है वह कलाशास्त्र तक ही सीमित नहीं है। इसका प्रभाव आलोचना और काव्यशिक्षा पर भी दिखलायी देता है क्योंकि पूर्ण सौन्दर्य की व्याख्या में असमर्थ होने के कारण इसने दूषित सौन्दर्य को ही उचित सिद्ध करने के लिए स्वयं को उसके अनुकूल ढाल लिया। फलतः अतिशयोक्तिपूर्ण, कृत्रिम तथा अनुचित प्रकार के लेखन को प्रोत्साहन मिलने लगा। यह सिद्धान्त जिस भेद के आधार पर खड़ा है वह तर्क की दृष्टि से वचन-विरोध है। इसे बड़ी आसानी से सिद्ध किया जा सकता है क्योंकि यह उस अवधारणा को ही खंडित करता है जिसे यह दो काल-क्रमों में बाँटता है और उन वस्तुओं को भी जिनके यह दो वर्ग करता है। एक समुचित अभिव्यक्ति, यदि वह सच्चे अर्थ में समुचित है, सुन्दर भी होती है। सौन्दर्य और कुछ नहीं बिम्ब-विधान का ठीक वैसा ही होना है जैसा उसे होना चाहिए, और इसलिए वह सटीक अभिव्यक्ति भी है। अब, यदि अनलंकृत अभिव्यक्ति का अर्थ यह है कि उसके साथ कुछ और भी होना चाहिए था जो नहीं है तो अभिव्यक्ति अनुपयुक्त एवं त्रुटिपूर्ण है, या तो वह अभिव्यक्ति ही नहीं है, या, अभिव्यक्ति की स्थिति तक पहुँची नहीं है। दूसरी ओर एक अलंकृत अभिव्यक्ति यदि अपने प्रत्येक अंश में अर्थपूर्ण है तो उसे अलंकृत कहा ही नहीं जा सकता। वह उतनी ही अनलंकृत है जितनी दूसरी और उतनी ही समुचित भी। हाँ, यदि उसमें निरर्थक, आवश्यकता के अतिरिक्त, बाह्य तत्त्व हैं तो वह सुन्दर नहीं वरन् विकृत है, या तो अभिव्यक्ति है ही नहीं, या, अभिव्यक्ति की स्थिति तक पहुँची ही नहीं है। सच्ची अभिव्यक्ति होने के लिए उसे बाह्य तत्त्वों को निष्कृत कर स्वयं को शुद्ध करना पड़ेगा (जैसे कि दूसरी को आवश्यक तत्त्वों से स्वयं को सम्पन्न करना पड़ेगा)।

अभिव्यक्ति और सौन्दर्य दो नहीं एक अकेली अवधारणा है। उसे दोनों पर्यायवाची शब्दों में से किसी भी एक नाम से पुकारा जा सकता है। कलात्मक कल्पना सदैव शरीरी होती है किन्तु स्थूलकाय नहीं। इस पर सदैव अपना ही आवरण रहता है न कि किसी अन्य वस्तु या अलंकार का। इस अत्यंत मिथ्या भेद के पीछे निश्चित ही एक समस्या छिपी हुई थी जिसने उक्त भेद को आवश्यक बना दिया था। समस्या (जिसका अनुमान अरस्तू के अंशों और स्तोआइयों के मनोविज्ञान तथा

आध्यात्मिक ज्ञानमीमांसा (नोज़ियोलॉजी) से लगाया जा सकता है तथा जो 17वीं शताब्दी के इतालवी आलंकारिकों की गरमागरम बहसों से स्पष्ट है) विचार और कल्पना, दर्शन और कविता, तर्कशास्त्र और कलाशास्त्र ('तार्किक' और 'आलंकारिक' या जैसा उन दिनों कहा जाता था 'खुली' और बन्द मट्ठी) के परस्पर सम्बन्धों को ले कर था। अनलंकृत अभिव्यक्ति से विचार और दर्शन की ओर संकेत था, 'अलंकृत' अभिव्यक्ति से तात्पर्य था कल्पना और कविता। किन्तु, यह भी उतना ही सत्य है कि न-क्रियात्मक (ज्ञानात्मक) चेतना के दो रूपों के भेद की समस्या का समाधान अन्तर्बोध अथवा अभिव्यक्ति में से किसी एक क्षेत्र में नहीं हो सकता क्योंकि वहाँ कल्पना, काव्य तथा सौन्दर्यबोध (एस्थेटिक) के अतिरिक्त और कुछ कभी मिलेगा ही नहीं। और, वहाँ तार्किकता का अनधिकृत प्रवेश अपनी छलपूर्ण छाया डाल कर मेधा को धूमिल कर उसमें गतिरोध पैदा करेगा जिससे वह न तो कला को ही उसकी संपूर्णता में देख पायेगी और न उसे उचित तर्क तथा विचार का आधार ही मिल पायेगा।

अलंकारशास्त्र के 'आलंकारिक' अभिव्यक्ति वाले सिद्धान्त ने मानव चेतना के विभिन्न रूपों की न-क्रियात्मक व्यवस्था में भाषा-प्रयोग से सम्बन्धित पक्ष को सर्वाधिक हानि पहुँचायी है क्योंकि एक बार यह स्वीकर कर लेने पर कि अनलंकृत तथा शुद्ध व्याकरणसम्मत अभिव्यक्ति और अलंकृत या अलंकारवादियों के अनुसार कलात्मक अभिव्यक्ति भाषा के अलग-अलग रूप हैं भाषा स्वयं को अनलंकृत प्रयोग के अनुकूल ढाल कर पूरी तरह व्याकरण को समर्पित हो जाती है। इस दुष्परिणाम की चरम परिणति इस स्थिति में होती है कि भाषा (क्योंकि अलंकारशास्त्र तथा सौन्दर्यशास्त्र में व्याकरण का कोई स्थान नहीं है) संकेतशास्त्र (सीमाइयोटिक) के घटिया पद पर ढकेल दिये जोर से तर्क की सेविका बन कर रह जाती है। इसमें सन्देह नहीं कि भाषा की तर्कशास्त्रीय अवधारणा और अभिव्यक्ति के आलंकारिक सिद्धान्त के बीच घनिष्ठ सम्बन्ध है और ये दोनों साथ-साथ ही आगे बढ़े हैं। बहुत पहले यूनान के आभिजात्य युग में उनका साथ-साथ जन्म हुआ और आज भी, भले ही परस्पर विरोधी बन कर क्यों न हों, वे साथ-साथ हैं। भाषा के तर्कशास्त्रीय सिद्धान्त के विरोध में बहुत कम विद्रोह हुए हैं और उनका प्रभाव भी, अलंकारशास्त्र के विरोधियों की भांति ही, बहुत कम रहा है। केवल स्वच्छंदतावादी युग में (जिसका प्रतिनिध एक शब्ताब्दी पूर्व विको रहा है) कुछ विचारकों में, या, किन्हीं विशिष्ट मंडलियों में, भाषा की उद्भावना या लाक्षणिक प्रकृति के प्रति सशक्त चेतना जगी है और यह दर्शाया जाने लगा है कि भाषा का तर्कशास्त्र की अपेक्षा काव्य से अधिक घनिष्ठ सम्बन्ध है। फिर भी कला सम्बन्धी एक अकलात्मक धारणा श्रेष्ठ विचारधाराओं (अवधारणावाद, नैतिकवाद, सुखवाद आदि) में भी बनी हुई थी इसलिए भाषा और

काव्यके तादात्म्य के प्रति कड़ा विरोध भी बना हुआ था। किन्तु, हमें यह तादात्म्य बड़ा सहज एवं अपरिहार्य प्रतीत होता है क्योंकि एक बार इस अवधारणा के स्थापित हो जाने पर कि कला अन्तर्बोध है और अन्तर्बोध अभिव्यक्ति है भाषा और अन्तर्बोध के तादात्म्य में सन्देह नहीं रह जाता। हाँ, यह अवश्य है कि भाषा सदैव उसके पूर्ण व्यापक रूप में ग्रहण की जानी चाहिए, अर्थात्, न तो उसके उच्चरित रूप पर किसी प्रकार का बन्धन होना चाहिए और न उसमें से स्वरात्मक, अनुकरणात्मक तथा आलेखीय (ग्राफिक) तत्त्वों का बहिष्कार होना चाहिए। दूसरी ओर, उसकी समग्र गहनता, जो वस्तुतः उसकी बोलने की क्रिया में निहित है, की भी पूर्ण स्वीकृति होनी चाहिए। अर्थात, न तो व्याकरणशास्त्र और न शब्द भांडार की वैचारिक क्रिया के आधार पर भाषा के वैखरी रूप को मिथ्या कहा जाना चाहिए और न यह विश्वास करने की मूर्खता करनी चाहिए कि मनुष्य व्याकरण और शब्द भांडार की सहायता से ही बोल पाता है। मनुष्य प्रति क्षण कवि की भाषा में ही बोलता है क्योंकि वह अपने मन पर पड़े प्रभावों एवं अनुभूतियों को बोलचाल या भाषा की सर्वपरिचित शैली में कवि की भाँति ही व्यक्ति करता है। अभिव्यक्ति का यह रूप भाषा-प्रयोग के अन्य रूपों—गद्यात्मक, गद्य-काव्यात्मक, वर्णनात्मक, प्रबंधात्मक, संवादात्मक, नाटकीय, गीतिकाव्यात्मक, गेय, संगीतात्मक आदि-आदि—से किसी भी तरह अलग नहीं है। और, सामान्य व्यक्ति यदि कवि कहलाना, जो वह सदैव से है (मानव होने के नाते वह कवि है ही), बुरा नहीं मानता तो कवि को भी जन साधारण से एक हो जाने का बुरा नहीं लगना चाहिए क्योंकि इस एकता के द्वारा ही कविता की उस शक्ति (जब कविता अपने अत्यंत सीमित अर्थ में उच्चतम भूमि पर प्रतिष्ठित होती है) को समझा जा सकता है जो सभी मानव आत्माओं को प्रभावित करती है। यदि कविता सामान्य भाषा से अलग "देवताओं की भाषा" होती तो सामान्य व्यक्ति उसे समझ ही नहीं पाता; और, यदि यह लोक का उन्नयन करती है तो कहीं बाहर नहीं बल्कि उसे उसके भीतर ही भीतरः सच्चा प्रजातन्त्र और सच्चा अभिजाततन्त्र इसी क्षेत्र में आ कर एक हो जाते हैं। बारह वर्ष पूर्व सौन्दर्यशास्त्र पर लिखे अपने प्रबंध में मैंने यह प्रस्ताव रखने का साहस किया था कि भाषा का दर्शन और सौन्दर्य का दर्शन संयुक्त हैं, चूँकि एक को दूसरे के द्वारा परिभाषित किया जा सकता है इसलिए दोनों एक हैं। मेरा यह प्रयास निष्फल नहीं गया। इटली के, तथा अन्य देशों के भी, भाषाशास्त्रियों तथा सौन्दर्यशास्त्रियों पर उसका कितना प्रभाव पड़ा यह उसकी प्रतिक्रिया में लिखे गये साहित्य से स्पष्ट है। इस तादात्म्य सम्बन्ध से कला और काव्य के अध्येता लाभन्वित होंगे क्योंकि आज भी साहित्य और कला सम्बन्धी समीक्षा में जो सुखवादी, नैतिकतावादी तथा अवधारणावादी तत्त्व शेष हैं उनसे मुक्त होने पर उसकी शुद्धि हो जायगी। किन्तु, भाषा-विषयक अध्ययन को जो लाभ इससे

होगा उसकी कल्पना नहीं की जा सकती। आज भी, फैशन बनी हुई शरीरशास्त्रीय, मानसशास्त्रीय तथा मानस-शरीरशास्त्रीय पद्धतियों का जो भार उस पर है उसका तत्काल हट जाना अत्यन्त आवश्यक है और उतना ही आवश्यक है उसका भाषा-उत्पत्ति सम्बन्धी पारम्परिक सिद्धान्त की ओर बार-बार लौटने से मुक्ति पा जाना भी, क्योंकि इसका अवश्यंभावी परिणाम होता है प्रत्युत्तर में भाषा की रहस्यमयी उत्पत्ति के सिद्धान्त का अपने आप उठ खड़े होना। उपर्युक्त एकता को स्वीकार कर लेने के बाद भाषा के क्षेत्र में भी अनर्गल समांतरणों की आवश्यकता नहीं रह जायगी और न संकेत तथा बिम्ब के रहस्यमय तादात्मय को स्थापित करने की ही क्योंकि उस स्थिति में भाषा संकेत (जो किसी अन्य की ओर इंगित करता है) के रूप में नहीं रह जाती है वरन् अर्थगर्भ बिम्ब-प्रतिमा बन जाती है तथा अपनी ही ओर संकेत करने के कारण वह चित्रमय, शब्दमय और स्पष्ट अभिव्यक्ति हो जाती है। अर्थगर्भ बिम्ब-प्रतिमा कल्पना की सहज रचना है जब कि संकेत दो व्यक्तियों की परस्पर सहमति का साधन होने से भाषा के पूर्व अस्तित्व को मान कर चलता है। और जब संकेत के द्वारा ही भाषा की व्यख्या करने का आग्रह होता है तो सबसे पहले संकेत बनानेवाले किसी भगवान् का आश्रय लेना ही पड़ता है। अर्थात्, प्रकारान्तर से भाषा के पूर्व अस्तित्व को यह कह कर स्वीकार करना पड़ता है कि यह किसी रहस्यमय शक्ति की देन है।

अन्त में मैं एक बहु प्रचलित भ्राँति का उल्लेख कर इस प्रसंग को समाप्त करना चाहूँगा। यह इसलिए आवश्यक है क्योंकि यह भ्रांति समीक्षा तथा इतिहास-लेखन के दैनंदिन रूप से घुली-मिली है। भ्रांति इस विश्वास में निहित है कि कला के अनेक विभिन्न विशिष्ट रूपों में भेद स्थापित किया जा सकता है और प्रत्येक रूप अपनी विशिष्ट अवधारणा एवं सीमा द्वारा परिभाषित हो सकता है तथा उनमें से प्रत्येक के अलग-अलग यथोचित नियम भी हैं। यह विभ्रांत सिद्धान्त दो प्रकार की मत-व्यवस्थाओं की परम्पराओं में समाविष्ट है। इनमें से पहली का नाम है—साहित्यिक तथा कलात्मक विधाओं का सिद्धान्त। इसका सम्बन्ध गीति, नाटक, रोमांचक कथा, प्रबन्ध-काव्य और रोमानी काव्य, ग्रामगीत, कामेदी, त्रासदी; पूजा-अर्चा, नगर-जीवन, पारिवारिक जीवन, पशु-जीवन, स्टिल-लाइफ़, भू-दृश्य, फल-फूल संबंधी चित्र; वीररस प्रधान, अंत्येष्टि से संबंधित अथवा अन्य वैशिष्ट्य उभारन वाले शिल्प; गिरजाघर गीति-नाट्य और छोटी सभाओं में प्रस्तुत किया जाने वाला संगीत; नागरिक, सैनिक, धार्मिक वास्तु आदि-आदि से है। दूसरी का नाम है—कलाओं का सिद्धान्त। इसके अन्तर्गत काव्य, चित्र, मूर्ति, वास्तु, संगीत, अभिनय, बाग़बानी आदि कलाओं को लिया जाता है। कभी-कभार इनमें से कोई एक किसी दूसरे के अन्तर्गत भी मान ली जाती है। इस भ्राँति की उत्पत्ति ढूँढ़ना कठिन नहीं है। इसके विशिष्ट चिह्न

पहले-पहल प्राचीन यूनानी (हेलेनिक) संस्कृति में दिखायी देते हैं और किसी न किसी रूप में यह आज भी विद्यमान हैं। अनेक सौन्दर्यशास्त्री आज भी ऐसे विषयों पर लिखते हैं जैसे, त्रासदी, कामेदी, गीतिकाव्य तथा हास्य-रस का सौन्दर्यशास्त्र, और, चित्र, संगीत अथवा काव्य का सौन्दर्यशास्त्र (इनमें से अंतिम वर्ग आज भी 'काव्यशास्त्र' के पुराने नाम से जाना जाता है)। इससे भी अधिक दुर्भाग्यपूर्ण यह है (यद्यपि स्वांतः सुखाय अथवा शैक्षिक व्यवसाय से प्रेरित हो कर लिखनेवाले सौन्दर्यशास्त्रियों पर बहुत कम ध्यान दिया जाता है) कि कलाकृतियों का मूल्यांकन करनेवाले आलोचकों ने अभी भी जाति अथवा कला की विशिष्ट विधा के आधार पर उनके वर्गीकरण तथा मूल्यांकन करने की आदत छोड़ी नहीं है। और, स्पष्ट रूप से यह दर्शाने की अपेक्षा कि अमुक कृति सुन्दर या असुन्दर है वे उसके प्रभाव का तार्किक आधार ढूँढ़ते हैं और यह कहते हुए देखे जाते हैं कि अमुक कृति—नाटक, रोमानी कथा, चित्र अथवा अर्ध उत्थित-शिल्प (बास रिलीफ़)—'रचना के नियमों का उचित ढंग से पालन करती है या उल्लंघन करती है। सभी देशों में समान्यतया कला और साहित्य के इतिहास को विधाओं के इतिहास के अर्थ में स्वीकार किया जाता है और कलाकारों को विधा विशेष को सम्पन्न करने वालों के रूप में प्रस्तुत किया जाता है। इतना ही नहीं, एक कलाकार की रचनाओं को भी गीति, रोमांचक कथा, नाटक आदि विधाओं के आधार पर वर्गीकृत किया जाता है यद्यपि उसकी रचना चाहे जो रूप ले उसमें एक ही सूत्र विकसित होता है। परिणाम यह होता है कि लुदोविको आरियोस्तो कभी जागरणकाल (रिनेसाँ) लातीनी कविता लिखने वालों के वर्ग में चला जाता है तो कभी शुरू-शुरू के लातीनी व्यंग्य लेखकों के वर्ग में तो कभी कामेदीकारों के बीच में पहुँच जाता है और फिर, कभी उन कवियों के बीच भी पहुँच जाता है जिन्होंने वीर-काव्य को पूर्णता प्रदान कीः प्रतीत होता है मानों लातीनी कविता, व्यंग्य, कामेदी और वीर-काव्य आरियोस्तो नामक एक ही कवि की कृतियाँ न हों और जैसे इन सभी प्रयोगों और रूपों में एक ही चेतना का क्रमिक विकास न हुआ हो।

यह नहीं कहा जा सकता कि विधाओं और कलाओं के इस सिद्धान्त में पहले से और आज भी एक भीतरी तर्क-विधान (डायलैक्टिक) और आत्मालोचन या विडंबना (यह हमारे दृष्टिकोण पर निर्भर करता है कि हम उसे क्या कहें) नहीं है। और, इस बात से सभी परिचित हैं कि साहित्य का इतिहास ऐसे उदाहरणों से भरा पड़ा है जहाँ एक स्थापित शैली के विरुद्ध किसी प्रतिभासम्पन्न कलाकार ने रचना की हो और आलोचकों ने उसका तिरस्कार न किया हो, किन्तु यह तिरस्कार उस कृति की प्रशंसा और लोकप्रियता को रोकने में असफल रहता है, और जब कलाकार पर दोषारोपण अंसम्भव हो जाता है तथा आलोचकों पर भी दोष लगाने का विचार नहीं होता तब, अन्ततः, सारा विवाद एक समझौते में समाप्त हो जाता है जिसके

अनुसार या तो विधा की सीमाएँ व्यापक कर दी जाती हैं, या, एक नयी विधा को स्वीकार कर लिया जाता है जैसे किसी अवैध बच्चे को वैध घोषित कर दिया जाय। यह समझौता किसी विरोध के अभाव में तब तक चलता है जब तक फिर से कोई प्रतिभा उस स्थिर हो गये नियम का उल्लंघन नहीं करती। इस सिद्धान्त की एक विडम्बना यह है कि इसके समर्थकों के लिए विधाओं और कलाओं के बीच तर्क-सम्मत सीमाएँ निर्धारित करना सदैव असंभव रहा है। उन्होंने जितनी भी परिभाषाएँ दी हैं वे सब, सूक्ष्म परीक्षण के बाद, या तो कला की सामान्य परिभाषा में समाहित हो जाती हैं, अथवा लगता है जैसे किसी विशिष्ट कलाकृति को, जो तर्क की जकड़बंदियों में न बँध पा रही हो, मनमाने ढंग से एक विधा या नियम के अन्तर्गत लाया जा रहा है। जो अनिश्चित है उसे कठोर सीमाओं में बाँधने का प्रयास अपने ही अन्तर्विरोध के कारण जिस विद्रूपता को प्रकट करता है वह लेसिंग जैसे महान् लेखकों में भी मिल जाती है जब वह इस विवेकहीन निष्कर्ष पर पहुँचता है कि चित्रकला केवल बाह्य रूपों (बॉडीज़) का अंकन करती है: बाह्य रूप, न कि क्रियाएँ और आत्माएँ, न कि चित्रकार का कर्म और उसकी आत्मा। इस कुतर्क से उत्पन्न तर्कोचित प्रश्नों में भी विद्रूपता दिखायी देती है। जैसे, प्रत्येक विधा और प्रत्येक कला के लिए एक निश्चित क्षेत्र निर्धारित कर देने के बाद प्रश्न उठता है कि कौन सी विधा और कौन सी कला श्रेष्ठ है? क्या चित्रकला मूर्तिकला से और नाटक गीतकाव्य से श्रेष्ठ है। और पुनः, क्या यह उचित नहीं होग कि कला की बिखरी हुई शक्तियों को किसी एक विशिष्ट कृति में फिर से समेट लिया जाय ताकि वे अन्य शक्तियों को भगा सकें ठीक वैसे ही जैसे कई सेनाएँ एक जुट हो कर किसी एक सेना को भगा देती हैं। उदाहरण के लिए, यदि किसी कृति में कविता, संगीत, मंच की कला और साज-सज्जा मिल जाय तो क्या उसका कलात्मक प्रभाव गोएटड के 'लीड' और लियोनार्दो के रेखाचित्र की अपेक्षा अधिक नहीं होगा? काव्यात्मक और कलात्मक चेतना इसी तरह के प्रश्नों, भेदों, निर्णयों एवं परिभाषाओं के विरुद्ध विद्रोह करती है क्योंकि वह प्रत्येक कृति को उसके स्वीय रूप में, वह कृति स्वयं एक जीवंत प्राणी की तरह एकाकी और अद्वितीय रूप में जो कुछ भी है, उसी के लिए उसे प्यार करती है। वह जानती है कि प्रत्येक कृति निजी विशिष्ट नियमों से बँधी है। इन्हीं कारणों से कलाकारों के सकारात्मक निर्णयों और व्यावसायिक आलोचकों के निषेधात्मक निर्णयों, अथवा, कलाकारों के निषेधात्मक और आलोचकों के सकारात्मक निर्णयों में असहमति पैदा हो जाती है। व्यावसायिक आलोचकों को कभी-कभी पंडिताऊ भी कहा जाता है यह अकारण नहीं है। दूसरी ओर कलाकार 'निहत्थे ईशदूत' हैं—अर्थात् वे अपने निर्णयों में अनुस्यूत समुचित सिद्धान्त को तर्कोचित रूप देने में असमर्थ होते हैं। और उसी तरह अपने प्रतिद्वंद्वियों के पंडिताऊ सिद्धान्त का

विरोध करने का भी सामर्थ्य नहीं रखते।

उपर्युक्त विवाद में उचित सिद्धान्त वस्तुतः कला की अन्तर्बोध, अथवा, गीतिमय अन्तर्बोध, वाली अवधारणा का ही एक पक्ष है। चूँकि प्रत्येक कलाकृति आत्मा की स्थिति विशेष को व्यक्त करती है और आत्मा की स्थिति अपने में विशिष्ट, नित नवीन, होती है इसलिए अन्तर्बोध का निहितार्थ है असंख्य अन्तर्बोध जिन्हें विधाओं के कोष्ठकों में बाँटा नहीं जा सकता जब तक कि कोष्ठक भी असंख्य न हों और तब वे कोष्ठक विधाओं के स्थान पर अन्तर्बोधों के होंगे। दूसरी ओर, अन्तर्बोध का वैशिष्ट्य चूँकि अभिव्यक्ति के वैशिष्ट्य का भी सूचक है, और, एक चित्र दूसरे चित्र से उतना ही भिन्न है जितना एक कविता से तथा एक चित्र एवं कविता का मूल्य उनके रंगों और शब्दों के कारण नहीं वरन् उनका चेतना में प्रविष्ट होकर उससे संवाद स्थापित करने के कारण है, इसलिए अभिव्यक्ति के अमूर्त साधनों का आश्रय लेकर विधाओं तथा वर्गों की नवीन शृंखला रचने का प्रयास व्यर्थ है। सारांश यह कि कलाओं के वर्ग-विभाजन का कोई भी सिद्धान्त आधारहीन है। इस क्षेत्र में एक ही विधा या वर्ग है, कला स्वयं या अन्तर्बोध, जब कि विशेष कृतियाँ असंख्यः, सभी मौलिक, प्रत्येक किसी अन्य कृति में अनूदित होने के अनुपयुक्त (क्योंकि अनुवाद, कलात्मक कौशल के साथ किये गये अनुवाद, का अर्थ है एक नयी कलाकृति का सृजन करना), प्रत्येक बुद्धि के अनुशासन से मुक्त। सामान्य (यूनिवर्सल) और विशेष के बीच कोई भी घटक, विधा, उपवर्ग या सामान्य वर्ग (जनरेलिया) की कोई शृंखला, तत्त्वतः बाधा नहीं डाल सकता। कला को जन्म देने वाले कलाकार और उसका भावन करनेवाले सामाजिक दोनों में से किसी के लिए भी केवल एक के अतिरिक्त अन्य किसी वस्तु की आवश्यकता नहीं है, वह है सामान्य और विशेष, या, विशेषत्त्व को प्राप्त सामान्यः कलात्मक क्रिया का वह सामान्य रूप जो आत्मा की एकल स्थिति की अभिव्यक्ति के लिए आकुंचित हो कर पुंजीभूति शक्ति बन गया है।

एक सच्चा कलाकार, एक सच्चा समीक्षक और एक सच्चा दार्शनिक भी सामान्य वर्गों और विधाओं में व्यस्त नहीं रहता है, इन वर्ग-सामान्यों की उपयोगिता किन्हीं अन्य कारणों से बनी हुई है। यह उपयोगिता ही उन भ्रांतियों का यथार्थ रूप है जिनका उल्लेख मैं अब करना चाहता हूँ। वर्ग-सामान्यों की उपयोगिता न तो कला की रचना, जो सहज होती है, और न उस पर दिये गये निर्णय, जो एक दार्शनिक क्रिया है, के लिए है वरन् अलग-अलग असंख्य अन्तर्बोध को समेटने और कुछ हद तक उन्हें परिसीमित करने के लिए है ताकि उन पर ध्यान दिया जा सके, उन्हें स्मरण रखा जा सके और असंख्य विशिष्ट कलाकृतियों को एक सीमा तक इकट्ठा रखा जा सके। स्वाभाविक है कि ये वर्ग सदैव अमूर्त प्रतिमा के आधार पर या अमूर्त

अभिव्यक्ति के आधार पर बनाये जायेंगे और इसलिए एक दृष्टि से ये आत्मा की स्थितियों के होंगे और दूसरी दृष्टि से अभिव्यक्ति के विभिन्न साधनों (कलाओं) के होंगे। ध्यान रहे, विभिन्न विधाओं और कलाओं में स्वेच्छया किये गये भेद पर यहाँ कोई आपत्ति नहीं उठायी जा रही है और न सामान्य द्वैत (डाइकोटॉमी) के यादृच्छिक होने को अस्वीकार किया जा रहा है; क्योंकि हम पहले ही यह मान कर चल रहे हैं कि सम्पूर्ण प्रकिया ही यादृच्छिक है। किन्तु, यह स्वेच्छाचार इसलिए हानिरहित और उपयोगी है क्योंकि इसमें कला सम्बन्धी निर्णय के किसी भी प्रकार के दार्शनिक सिद्धांत और मानंड का दिखावा नहीं होता। ऐसी स्थिति में ये विधाएँ और वर्ग कला सम्बन्धी ज्ञान को अर्जित करने और उसके प्रशिक्षण को सरल बना देते हैं क्योंकि प्रथम के अन्तगर्त ये अत्यन्त महत्त्वपूर्ण कलाकृतियों की सूची बनाने में सहायक होते हैं और द्वितीय के अन्तर्गत इनसे कला के अभ्यास से सम्बन्धित अत्यंत महत्त्वपूर्ण जानकारी इकट्ठा करने में सहायता मिलती है। यह सब इस बात पर निर्भर करता है कि हम संकेत को यथार्थ, कल्पित चेतावनियाँ, या, विधानों को नियत विधा समझने की गड़बड़ी करते हैं या नहीं। इस भ्रम में पड़ जाना सरल है, फिर भी इसे रोका जाना चाहिए और रोका जा सकता है। साहित्य-शिक्षा, अलंकारशास्त्र, व्याकरण (जिसमें शब्द-भेद, रूप-विज्ञान तथा वाक्य-विज्ञान के नियम दिये होते हैं), संगीत-रचना, काव्य-रचना चित्र-रचना आदि-आदि के कौशल पर लिखी गयी पुस्तकों में मुख्यतः सूचियाँ और नियम ही होते हैं। इनमें कलाभिव्यक्तियों की प्रवृत्तियों का उल्लेख केवल गौण रूप में होता है—और इस रूप में कला को अमूर्त अथवा विकासशील स्थिति में प्रस्तुत किया जाता है (अभिजात्य अथवा स्वच्छंदतावादी काव्य-कलाएँ, शुद्धतावादी अथवा लोकप्रिय व्याकरण आदि)। और तीसरे, उनमें अपने तर्कों को दार्शनिक आवरण में प्रस्तुत करने की प्रवृत्ति देखी जाती है जिससे कलाओं के विभाजन और विधाओं की भ्रांति पैदा होती है जिसकी मैं अभी-अभी आलोचना कर चुका हूँ। यह भ्रांति अपने ही अन्तर्विरोधों के कारण कला-वैशिष्ट्य के सच्चे सिद्धान्त का मार्ग प्रशस्त करती है।

यह सिद्धान्त निश्चित ही प्रथम दृष्ट्या एक प्रकार की किंकर्तव्यविमूढ़ता पैदा करता है : एकल, मौलिक, जिसका न भाषांतरण हो सके न वर्गीकरण ऐसे अन्तर्बोधों में जब तक कोई परस्पर सम्बन्ध न स्थापित कर लिया जाय तब तक, प्रतीत होता है, ये बौद्धिक नियमों की पकड़ में आ ही नहीं सकते; और यह उस सिद्धान्त में वर्जित लगता है जो हमने विकसित किया है और जिसमें उदारता के स्थान पर विद्रोही भाव की प्रतीति होती है।

सौन्दर्यानुभूति की दृष्टि से एक छोटी कविता [बड़ी] कविता के समान ही है; एक बहुत छोटा चित्र या रेखाचित्र भी बड़ी पिछवाई या भित्तिचित्र के तुल्य है; एक

पत्र भी उतनी ही बड़ी कलाकृति है जितनी एक रोमांचक कथा; एक अच्छा अनुवाद भी मौलिक कृति जितना ही मौलिक है। इन प्रस्थापनाओं का खंडन भले न किया जा सके क्योंकि ये प्रमाणित प्रतिज्ञाओं से तर्क द्वारा उपपादित हैं; विरोधाभासी होते हुए भी ये सत्य हो सकती हैं (यह निस्संदेह उनकी गुणवत्ता का प्रमाण है), या, सामान्य धारणा के विपरीत हो सकती हैं: किन्तु क्या इन्हें किसी परिपूरक की आवश्यकता नहीं है? यदि हम अन्तर्बोध की चंचलता से भ्रमित नहीं होना चाहते तो उन्हें व्यवस्थित और वश में करने, परस्पर सम्बद्ध करने, समझने और नियंत्रित करने का कोई मार्ग तो अवश्य होगा।

निस्संदेह ऐसा एक मार्ग है। हमने जब अमूर्त वर्गीकरण में किसी प्रकार के सैद्धांतिक मूल्य को अस्वीकार किया था तो हमारा उद्‌देश्य किसी कला की उत्पत्ति को लेकर किये जाने वाले मूर्त वर्गीकरण को अस्वीकार करना नहीं था जो वस्तुतः वर्गीकरण नहीं इतिहास कहलाता है। इतिहास में प्रत्येक कृति को उसका उचित स्थान दिया जाता है जो केवल उसका और उसका ही होता है। गिदो कावालकाँति के गाथागीत (बैलेड), चेको आँज्योलेरी की चतुर्दशपदियाँ जो क्षणिक हास्य या निःश्वास सी प्रतीत होती है; दाँते की 'कॉमेडी' जिसके भीतर मानव चेतना के हजार वर्ष सिमट गये-से प्रतीत होते हैं; मध्ययुग की सन्ध्या पर तिरस्कार की हँसी हँसने वाले मरलिन कोकायो का 'माक्केरोनी'; सोलहवीं शती में आनिबल कारो द्वारा 'इनीइड' का सुन्दर अनुवाद; सार्पी का टटका गद्य; दानियेलो बार्तोली का जेजुटों की तरह लिखा विवादास्पद गद्य; जो जीवंत है वह मौलिक ही है, उसकी मौलिकता को अस्वीकार नहीं किया जा सकता। जो किसी मानदंड से मापा नहीं जा सकता उसे छोटा नहीं कहा जा सकता। वह न छोटा है न बड़ा, या, उसे छोटा और बड़ा दोनों ही कह सकते हैं। किन्तु यह प्रयोग लाक्षणिक ही होगा और इस उद्‌देश्य से कि इससे उसके प्रति हमारे प्रशंसा भाव (गणितीय अथवा रेखागणितीय सम्बन्धों से अलग) तथा कुछ अन्य महत्त्वपूर्ण सम्बन्धों को रेखांकित किया जा सके। आज इतिहास अधिक समृद्ध तथा नियत होता जा रहा है पर प्रयोगसिद्ध अवधारणाओं के ऊँचे-उँचे महलों के अर्थ में नहीं जो ज्यों-ज्यों ऊँचे उठते जाते हैं त्यों-त्यों जटिल तो होते जाते हैं और उनका शून्य भी बढ़ता जाता ह। इसकी समृद्धि इस अर्थ में है कि इसमें सभी कलाकृतियों तथा अन्तर्बोधों में परस्पर सम्बन्ध मिल जाता है। इतिहास में वे जैव सम्बन्ध से जुड़े दिखायी देते हैं। उनमें से प्रत्येक चेतना के विकास में एक आवश्यक अवस्थान प्रतीत होता है; उनमें से प्रत्येक समस्त एकल कविताओं में सामंजस्य स्थापित करने वाली शाश्वत कविता का एक स्वर प्रतीत होता है।

मानव समाज और चेतना में कला का स्थान

'कला स्वतंत्र है या परतन्त्र' यह विवाद स्वच्छंदतावादी युग में अपनी चरम सीमा पर पहुंच गया, उसी समय यह घोष-वाक्य (मोट्टो) "कला कला के लिए" और उसका प्रतिघोष-वाक्य "कला जीवन के लिए" भी गढ़े गये। यह विषय तभी से दार्शनिकों की अपेक्षा साहित्यकारों तथा कलाकारों के बीच विवाद-पद बना हुआ है। आज लोगों की इसमें रुचि नहीं रह गयी है। अब, या तो नैसिखिये इससे अपना अभ्यास आरम्भ करते हैं या मन बहलाते हैं, अथवा केवल शास्त्रीय भाषणें में तर्क करने के लिए इसे विषय बनाया जाता है। स्वच्छंदतावादी युग के पहले भी, कला पर विचार करनेवाले प्राचीनतम प्रलेखों (डॉक्यूमेंट्स) तक में, इस विषय के संकेत मिलते हैं। सौन्दर्यशास्त्र पर विचार करनेवाले दार्शनिकों ने यद्यपि ऐसा लगता है मानों इसकी उपेक्षा की है (यह उपेक्षा वस्तुतः इसके विकृत रूप की है) किन्तु सच यह है कि उन्होंने इस पर विचार किया है और निस्संदेह कहा जा सकता है कि इसे छोड़ कर किसी अन्य विषय पर विचार किया ही नहीं है। कला स्वतन्त्र है या परतन्त्र, वह स्वायत्त है या पराधीन इस विवाद का उद्देश्य केवल यह जानना है कि कला है या नहीं, यदि है तो क्या है? यदि एक क्रिया का नियम किसी दूसरी क्रिया पर निर्भर करता हो तो तत्त्वतः उसे दूसरी क्रिया ही मानना चाहिए उसका अपना अस्तित्व केवल अनुमानित अथवा परम्परा समर्थित ही है। कला जो नैतिकता, सुख अथवा दर्शन पर निर्भर हो वस्तुतः कला नहीं है वरन् नैतिकता, सुख अथवा दर्शन है। और, अगर हम यह स्वीकार कर लेते हैं कि कला स्वतन्त्र है तो हमें इस बात की भी खोज करनी चाहिए कि इस स्वतन्त्रता का आधार क्या है। अर्थात्, हमें यह जानना होगा कि कला नैतिकता, सुख, दर्शन तथा इसी प्रकार के अन्य सभी विषयों से किन अर्थों में भिन्न है और यह स्थिर करना होगा कि वह क्या है जो वस्तुतः स्वायत्त है तथा जिसके कारण कला वस्तुतः कला है। यह संभव है कि कला को मौलिक स्वीकार करनेवाले लोग यह कहें कि कला अपनी विशिष्ट प्रकृति को सुरक्षित तो रखती है फिर भी अन्य किसी श्रेष्ठ प्रक्रिया की अपेक्षा इसका स्थान गौण है। एक समय था जब यह कहा ही जाता था कि कला नीतिशास्त्र की दासी है, राजनीति की अनुगामिनी है और विज्ञान की

भाष्यकार है। इससे केवल यही सिद्ध होता है कि कुछ लोग ऐसे होते हैं जो अपनी ही बात का खंडन करते हैं, या, जिनकी विचारधारा में ही विसंगति होती है। अस्थिर मतिवाले ये लोग किसी भी बात को प्रमाणित नहीं करना चाहते। हम अपनी ओर से सावधान रहें ताकि ऐसी किसी भी स्थिति में न फँस जायें। यह पहले ही स्पष्ट किया जा चुका है कि कला भौतिक जगत् से अलग है और अन्तर्बोध के रूप में व्यावहारिक, नैतिक और अवधारणामूलक क्रिया से भिन्न है। अतः, इस सम्बन्ध में अधिक चिन्ता न कर हम यही मान कर चलेंगे कि पहले जो प्रमाणित किया जा चुका है उसके साथ ही कला की स्वतन्त्रता भी सिद्ध हो गयी है।

किन्तु, कला की स्वतन्त्रता और परतन्त्रता के विवाद में एक और समस्या भी छिपी बैठी है जिसकी चर्चा मैंने जानबूझ कर अभी तक नहीं की है, अब मैं उसी पर विचार करने वाला हूँ। स्वतन्त्रता एक परस्पर सम्बन्धगत अवधारणा है और इस अर्थ में स्वयंभूत परमात्मा ही पूर्ण स्वतन्त्र है, अथवा, पूर्ण अन्य निरपेक्ष है। प्रत्येक विशिष्ट रूप तथा अवधारणा एक ओर यदि स्वतन्त्र है तो दूसरी ओर परतन्त्र, अथवा, यह भी कह सकते हैं कि वह स्वतन्त्र और परतन्त्र दोनों ही है। यदि ऐसा न होता तो चेतना और सामान्यतः स्वीकृत यथार्थता या तो स्वयंभूतों की आसत्ति की, अथवा, शून्यताओं की आसत्ति की (दोनों वस्तुतः एक ही हैं) एक शृंखला मात्र होतीं। कला की उत्पत्ति के सन्दर्भ में हम देख आये हैं कि भावपूर्ण अथवा संवेगशील पदार्थ के अन्तर्बोधमय रूप ले लेने का नाम ही कला है, इस आधार पर कहा जा सकता है कि रूप की स्वतन्त्रता में वह पदार्थ भी गर्भित है जिस पर वह [रूप] क्रियाशील होता है। रूप की पूर्ण स्वतन्त्रता का अर्थ होगा कि उसमें समग्र पदार्थ तथा पोषकों का अभाव है, ऐसी स्थिति में रूप सत्त्वहीन हो कर स्वयं ही आस्तित्वहीन हो जायगा। स्वतन्त्रता के अन्तर्गत चूँकि पहले से ही यह मान लिया जाता है कि कोई एक क्रिया किसी अन्य क्रिया के नियमों के अधीन नहीं है इसलिए यह निर्भरता स्वतन्त्रता के लिए प्रतिश्रुत होनी ही चाहिए। किन्तु यह प्रतिश्रुति इस उपकल्पना (हाइपोथेसिस) से सिद्ध नहीं होगी कि एक क्रिया दूसरी पर उतनी ही निर्भर हो जितनी दूसरी क्रिया पहली पर ठीक वैसे ही जैसे दो शक्तियाँ परस्पर सन्तुलन बनाये रखती हैं क्योंकि कोई एक शक्ति दूसरी को पराभूत नहीं कर पाती तभी तो वे एक दूसरे को रोके रखती हैं, ठहराये रखती हैं। किसी भी एक शक्ति के अधिक प्रभावशाली होते ही शुद्ध अधीनता की स्थिति पैदा हो जायगी जिसका हम अभी बहिष्कार कर चुके हैं। अतः, इस समस्या पर समग्रतः विचार करने पर प्रतीत होता है कि चेतना की विभिन्न क्रियाओं की समकालिक स्वतन्त्रता और परतन्त्रता को केवल एक ही प्रकार—प्रतिबन्धक और प्रतिबंधित (कंडीशन ऐंड कंडीशंड) के परस्पर सम्बन्ध—से समझा जा सकता है। इस प्रकार के सम्बन्ध में प्रतिबंधित में प्रतिबंधक की पूर्वकल्पना भी होती है और

वह प्रतिबन्धक का अतिक्रमण करते हुए आगे के अवस्थान में स्वयं प्रतिबन्धक हो कर एक नये प्रतिबन्धित को जन्म देता है। इस तरह विकास की एक शृंखला बन जाती है। इस शृंखला में एक बड़ा दोष यह है कि प्रथम प्रतिबन्धक अपने से पहले के किसी भी प्रतिबन्धित के बिना होगा और अन्तिम प्रतिबन्धित विकसित होते-होते प्रतिबन्धक नहीं बनेगा। यह दोष वस्तुतः विकास के नियम को ही एक बार नहीं दो बार खंडित करता है। इस दोष को दूर करने के लिए अन्तिम प्रतिबन्धित को प्रथम का प्रतिबन्धक बनाना होगा और प्रथम प्रतिबन्धक से अन्तिम को प्रतिबन्धित करना होगा। अर्थात् सम्पूर्ण शृंखला को क्रिया-प्रतिक्रया के वर्तुल आकार में देखना होगा। आन्तरिक जीवन से सम्बन्धित अन्य अवधारणाएँ जिन दिशाओं में गतिमान् हैं वहाँ उनके मार्ग में अनेक कठिनाइयाँ है। इन विचार-सरणियों के दो वर्ग हैं। एक में आत्मा की सभी शक्तियों अथवा मूल्य सम्बन्धी विचारों को एक समुच्चय मान लिया जाता है जिसकी प्रत्येक इकाई स्वतन्त्र एवं अन्य निरपेक्ष होती है और इन सबके ऊपर एक गतिहीन तथा निःसत्त्व वृहद् इकाई होती है जो इन्हें अपने में समेट कर, अपने अधीन बना कर इनकी अनेकता को एकता प्रदान करती है। दूसरे में ये आत्मिक शक्तियाँ, कुछ अधिक सूक्षता से, समतल विकास की दिशा में आवश्यक पद-क्रम (ग्रेड) के रूप में समझी जाती हैं। इस क्रम में प्रथम अतर्क्यमान (इर्रैशनल) से सर्वाधिक तर्क्यमान तक पहुँचने की वांछा होती है, किन्तु यह असाधारण तर्क्यमान प्रकारंतर से अतर्क्यमान ही होता है। इस तरह दोनों विचार-सरणियाँ जिन कठिनाइयों से जूझ रही हैं उनसे मुक्ति पाने का एक मात्र मार्ग उपरिनिर्दिष्ट वर्तुलाकार शृंखला ही है।

इस प्रकार की अरूप योजना पर बल न देना ही अच्छा होगा। इसकी अपेक्षा यह देखना अधिक उचित होगा कि यह चेतना में कलात्मक चेतना से आरम्भ कर कैसे वास्तविकता का रूप ग्रहण करती है। इसके लिए हमें फिर से कलाकार या मानव-कलाकार की ओर मुड़ना होगा क्योंकि उसी ने आवेग संकुलता से मुक्ति पा कर उसे गीतिमय प्रतिमा की वस्तुरूपता प्रदान की है, अर्थात् कला को साधा है। उसे इस प्रतिमा में सन्तोष मिलता है क्यों यह इस दिशा में किये गये उसके प्रयासों का परिणाम है। अपनी उचित अन्तः प्रवृत्तियों को पूर्ण अभिव्यक्ति दे पाने की सफलता की प्रसन्नता से हम सभी थोड़े बहुत परिचित हैं और जब हम दूसरों की कृतियों का विभावन करते हैं तो उनकी सफल अभिव्यक्ति भी हमें प्रसन्नता देती है क्योंकि वे भी एक सीमा तक हमारी होती हैं, जिन्हें हम अपना बना लेते हैं और इस तरह जो हमारी ही होती हैं। किन्तु क्या यह सन्तोष निश्चित होता है? क्या कलाकार-मानव केवल प्रतिमा-रचना के लिए ही उतप्रेरित था? क्या प्रतिमा-रचना के साथ-साथ वह और किसी वस्तु की ओर भी प्रेरित था? प्रतिमा की ओर

कलाकार-मानव होने के नाते, किसी अन्य वस्तु की ओर मानव-कलाकार होने के नाते? क्या प्रथम स्तर पर वह प्रतिमा की ओर प्रेरित था, किन्तु, चूँकि प्रथम स्तर द्वितीय और तृतीय स्तर से सम्बद्ध है इसलिए द्वितीय और तृतीय स्तर की ओर भी वह प्रेरित था? अन्तर केवल इतना ही कि प्रथम की ओर वह तत्काल प्रेरित था और द्वितीय एवं तृतीय की ओर प्रकारान्तर से? जब वह प्रथम सोपान पर पहुँच जाता है तो द्वितीय सोपान तत्काल सामने आ जाता है, जो पहले परोक्ष था वह प्रत्यक्ष हो जाता है। इस तरह, एक नयी माँग उभर आती है और एक नयी प्रक्रिया शुरू हो जाती है। ध्यान देने की बात यह है कि इस प्रक्रिया में ऐसा नहीं होता कि अन्तर्बोध अपना स्थान दूसरे को दे कर स्वयं आनन्द और सेवा-भाव के स्थान पर चला जाय और उसकी जगह पर ये आ जायँ। होता यह है कि अन्तर्बोध की शक्ति ही—अथवा कहें कि स्वयं चेतना ही जो अब तक अन्तर्बोध प्रतीत होती थी और वस्तुतः थी भी—अपने भीतर एक नयी प्रक्रिया विकसित करती है जिसका जन्म प्रथम क्रिया के मर्म से ही होता है। हमारे भीतर एक आत्मा दूसरी आत्मा से प्रज्वलित नहीं होती बल्कि एक आत्मा जो पहले किसी एक गुण में सिमट गयी होती है, उसी गुण (कला-प्रतिमा) में सन्तुष्ट प्रतीत होती है क्योंकि उसके अतिरिक्त अन्य किसी भी शक्ति की वह अवहेलना करती है, कालांतर में उसी गुण से उसे सन्तोष भी होता है और असन्तोष भी। सन्तोष इसलिए कि वह आत्मा को वह सभी कुछ देता है जो दे सकता है और जिसकी उससे अपेक्षा होती है। असन्तोष इसलिए क्योंकि आत्मा उससे सब कुछ पा कर, उससे पूरी तरह सन्तुष्ट हो कर, अब एक नवीन पूर्ति की अपेक्षा करने लगी है जो पहले की अपेक्षा-पूर्ति के बाद ही उभरती है, उससे पहले नहीं। बिंब-निर्माण के साथ-साथ जो नयी आवश्यकताएँ उभरती हैं उनका ज्ञान हम सभी को अपने अनुभवों के आधार पर लगातार होता रहता है। काँउटेस आरेसी के साथ यूगो फोस्कोलो का प्रणय-व्यापार चल रहा है। उसने जिस प्रकार के पत्र लिखे हैं उससे सिद्ध है कि जिस स्त्री से उसका पाला पड़ा है वह स्वयं और उसका प्यार क्या है। फिर भी, प्यार के उन क्षणों में वह स्त्री ही उसकी पूरी दुनिया है। प्रशंसा के उत्साह में आ कर वह मरणशील स्त्री को अमर बना देता है, भावी पीढ़ी को सौंपने के लिए उस भौतिक प्राणी को एक दैवी रूप प्रदान करता है और इस तरह उसके लिए प्रेम का नया चमत्कार पैदा कर देता है। सच पूछो तो वह उसे स्वर्गिक मान कर पूजा और प्रार्थना की वस्तु मान बैठा हैः

मेरे स्तोत्रों में जीवित दिव्य विभूति, तुम,
तुम्हें इन्सुब्रियन के वंशजों के संकल्प अर्पित होंगे।

"ऑल आमिका रिज़ानाता" शीर्षक सम्बोधगीति का फोस्कोलो के अन्तर्मन में प्रादुर्भाव ही नहीं हुआ होता यदि प्रेम का यह कायांतरण (मेटामॉर्फोसिस) पूरी गंभीरता

के साथ इष्ट या अभिलषित न होता (प्रेमी तथा दार्शनिक भी यदि उन्होंने प्यार किया है तो इस बात के साक्षी होंगे, इस प्रकार की मूर्खता भी पूरी गम्भीरता से ली जाती है), और जिन बिम्ब-विधानों के द्वारा वह संकट में डालनेवाली अपनी प्रणय-देवी के मोह को निरूपित करता है वे भी इतने सहज और सजीव न होते। किन्तु आत्मा की वह उत्प्रेरणा क्या थी जो अब एक उत्कृष्ट गीतिकाव्य बन गयी है? क्या वह समग्र फोस्कोलो—एक सिपाही, एक देशभक्त, एक विद्वान् जो अन्तस की अनेक आवश्यकताओं से प्रेरित था—उस अभिलाषा में व्यक्त हो पाया? क्या यह अभिलाषा उसके भीतर इतनी शक्तिशाली थी कि उसे कार्यरूप में परिणत करने तथा एक सीमा तक तथा व्यावहारिक जीवन को मोड़ देने के लिए विवश कर दिया? फोस्कोलो, जो प्रणय के क्षणों में भी अंतर्दृष्टिरहित नहीं हो जाता था, समय-समय पर जब उसके भीतर रचना की हलचल शांत हो जाती थी पुनः स्व-रूप प्राप्त कर लेता था और उसकी दृष्टि स्वच्छ हो जाती थी। तब वह स्वयं से पूछता है कि उसकी सचमुच क्या अभिलाषा थी और वह स्त्री सचमुच किस योग्य थी। संभव है बिंब-विधान के समय वह किंचित अविश्वास की भावना से भी उकसाया गया हो। हम सावधान हों तो हमारे कान उस सम्बोधगीति में कवि के अपने प्रति और उस स्त्री के प्रति किये गये शिष्ट व्यंग्य को पकड़ सकते हैं। यदि चेतना सरल, शुद्ध रही होती तो ऐसा कभी नहीं होता, तब कविता भी सरल-सहज गति से प्रवाहित होती। कवि फोस्कोलो काव्य-रचना के बाद कवि नहीं रह जाता है (यद्यपि वह फिर से कवि होने के लिए उत्सुक हो सकता है) और अपनी वस्तु-स्थिति जानने का इच्छुक है। उसका प्रतिमा-रचना का कार्य बन्द हो गया है क्योंकि प्रतिमा की रचना हो चुकी है, अब वह कल्पना नहीं करता प्रत्यक्ष [illegible]जता है और वर्णन करता है (बाद में अपनी 'उस देवी' के लिए कहेगा कि 'उस स्त्री' के पास जहाँ दिल होना चाहिए था वहाँ दिमाग था), और गीतिमय प्रतिमा परिवर्तित होकर (उसके लिए भी और हमारे लिए भी) आत्मचरित का अंश, या, गोचर वस्तु बन कर रह जाती है।

गोचरता की बात उठने पर हम एक नये और व्यापक चेतना-क्षेत्र में पदार्पण करते हैं। इतिहास में पहले भी ऐसे विचारक थे और आज भी हैं (और इन पर व्यंग्य-प्रहार करने के लिए हमारे पास पर्याप्त कठोर शब्द नहीं हैं) जो बिम्ब और प्रत्यक्ष ज्ञान में भेद नहीं कर पाते और इसी भ्रम के कारण बिम्ब को प्रत्यक्ष ज्ञान (जैसे, व्यक्ति-चित्र, प्रकृति की अनुकृति या प्रतिरूप, एक व्यक्ति या युग का इतिहास आदि) बना देते हैं और इससे भी आगे बढ़ कर प्रत्यक्ष ज्ञान को ऐसा बिंब-विधान बना देते हैं जो इंद्रियों द्वारा ग्रहण किया गया हो। प्रत्यक्ष ज्ञान एक प्रकार का पूर्ण निर्णय होता है, न उससे अधिक न उससे कम; और निर्णय रूप में इसमें बिम्ब के साथ-साथ बिम्ब (उसकी यथार्थता, गुण आदि) को प्रभावित करनेवाले

एक वर्ग, अथवा, मानसिक प्रवर्गों की पूरी व्यवस्था भी होती है और बिंब (जो अनुभूति और कल्पना का अनुभवपूर्ण संश्लिष्ट रूप, अन्तर्बोध, होता है) की तुलना में एक नया संश्लेषण होता है। इसमें प्रतिरूप और प्रवर्ग, उद्देश्य और विधेय का अनुभवपूर्व का तर्कसम्मत संश्लेषण होता है जिसकी प्रकृति पूर्वोक्त संश्लेषण जैसी ही होती है। इसके अतिरिक्त, इसके बारे में यह भी कहा जा सकता है कि इसमें विषय-वस्तु और रूप, प्रतिरूप और प्रवर्ग, उद्देश्य और विधेय एक तीसरे तत्त्व द्वारा जोड़े गये दो विभिन्न तत्त्वों के रूप में नहीं बल्कि ऐसी अविभाज्य इकाई के रूप में होते है। जिसमें प्रतिरूप प्रवर्ग के रूप में और प्रवर्ग प्रतिरूप बन कर आभासित होता है। इसी तरह इसमें उद्देश्य विधेय में और विधेय उद्देश्य में हुआ करता है। यह प्रत्यक्ष ज्ञान अन्य तर्कपूर्ण क्रियाओं में से कोई एक तर्कपूर्ण क्रिया भी नहीं है और न अन्य तर्कपूर्ण क्रियाओं में से एकदम शुरू-शुरू की अपूर्ण क्रिया ही है। जो व्यक्ति, प्रत्यक्ष ज्ञान के सार तत्त्व को ग्रहण करने की शक्ति रखता है उसे इससे परे किसी अन्य तर्कसम्मत स्थिति की खोज में जाने की आवश्यकता नहीं है। घटना विशेष की चेतना का मुख्य साहित्यिक रूप इतिहास है और सामान्य (यूनिवर्सल) तत्त्व की चेतना का प्रधान रूप दर्शन है। इन दोनों का जन्म प्रत्यक्ष ज्ञान से ही होता है जो स्वयं एक संश्लिष्ट युग्मीकरण है। दर्शन और इतिहास की एकता श्रेष्ठ कोटि की है जिसे दार्शनिकों ने प्रत्यक्ष ज्ञानात्मक निर्णय, जिससे इन दोनों का जन्म हुआ है और जिसमें इन दोनों का अधिवास भी है, की विभिन्न इकाइयों में संश्लिष्ट सम्बन्ध के आधार पर खोज निकाला है। दर्शन और इतिहास के इस तादात्म्य को बुद्धिमान् लोग अपने-अपने ढंग से जान जाते हैं यह देख कर कि विचार अधर में लटके हुए आभास मात्र हैं जब कि वास्तविकता केवल तथ्यों, यथार्थ रूप तथ्यों, की है जो घटते हैं और जानने योग्य भी हैं। प्रत्यक्ष ज्ञान (नाना प्रकार के प्रत्यक्ष ज्ञान) से यह भी स्पष्ट हो जाता है कि मानव मेधा क्यों उनसे ही प्रादुभूर्त होने का प्रयास करती है और फिर उन्हीं पर अनेक प्रकार के नियम, जो गणितीय मानदंडों और सम्बन्धों से अनुशासित होते हैं, भी थोप देती है; क्योंकि प्रकृति-विज्ञान और गणित दर्शन और इतिहास के बाद उनके अनुपूरक बन कर आते हैं।

यहाँ, मेरा काम तर्कशास्त्र की रूप-रेखा प्रस्तुत करना नहीं है क्योंकि अब तक मैं सौन्दर्यशास्त्र की रूप-रेखा देता आ रहा हूँ और इस समय भी वही कर रहा हूँ; इसलिए, तर्कशास्त्रीय, प्रज्ञा-विषयक, प्रत्यक्षज्ञान-विषयक तथा ऐतिहासिक ज्ञान के सिद्धान्त के विकास और उसकी परिसीमा को प्रस्तुत करने के मोह से बचते हुए मैं उस तर्क की चर्चा करना चाहूँगा जो प्रस्तुत सन्दर्भ में कलात्मक तथा अन्तर्बोधी चेतना से नहीं वरन् तार्किक तथा ऐतिहासिक चेतना से निःसृत होता है और जो अन्तर्बोधी बिम्बों का अतिक्रमण करते हुए प्रत्यक्ष ज्ञान के बिंब-विधान को विस्तार

प्रदान करता है। प्रश्न है कि क्या चेतना को इस रूप में संतोष प्राप्त होता है? उत्तर है: निश्चित ही। ज्ञान और विज्ञान द्वारा प्रदत्त सन्तोष से हम सभी परिचित हैं। अपने-अपने अनुभव से हम सब जानते हैं कि भ्रांतियों द्वारा आच्छादित सत्य के स्व-रूप को खोज निकालने के लिए कभी कोई कितना लालयित हो उठता है, और उसका स्वरूप कितना ही भयंकर क्यों न हो वह सत्य को जान लेने के सन्तोष से जन्मे गहन आनन्द के बिना कभी नहीं होता। किन्तु, क्या यह सन्तोष कला द्वारा प्रदत्त पूर्ण तथा निर्णायक सन्तोष से भिन्न होता है? क्या सत्य के ज्ञान से उत्पन्न सन्तोष के सम्भवतः साथ ही असन्तोष भी पैदा नहीं हो जाता? यह बात एकदम निश्चित है कि सत्य को जान लेने के साथ आया असन्तोष (जिसका अनुभव सबको है) क्रिया की इच्छा के रूप में प्रकट होता है। वास्तविकता का ज्ञान होना अच्छी बात है, यह आवश्यक भी है ताकि हम उचित क्रिया अपना सकें। हमें संसार का ज्ञान अवश्य प्राप्त करना चाहिए ताकि उसे बदल सकें। ज्ञान के क्षेत्र में कोई एक व्यक्ति एक ही सथान पर स्थिर नहीं रह सकता, यहाँ तक कि संशयवादी और निराशावादी भी नहीं, वह अपने ज्ञान के परिणामस्वरूप सदैव एक विशिष्ट प्रवृत्ति अथवा जीवन पद्धति अपना लेता है। और प्राप्त ज्ञान का यह निर्धारीकरण, किसी चीज को "समझना" और उस "समझ को बनाये रखना" जिसके बिना दाँते के अनुसार विज्ञान सम्भव ही नहीं है, वर्गों, नियमों और मानदंडों का रचना-विधान, प्रकृति-विज्ञान और गणित (जिनकी ओर मैं अभी संकेत कर चुका हूँ) इन सब सिद्धान्त-रचना की क्रियाओं का अतिक्रमण कर तदनुसार कार्य करने की क्रिया के रूप हैं। मेरी इस बात की वास्तविकता को हर कोई अपने अनुभव के आधार पर जानता है और तथ्यों से तुलना कर परख भी सकता है। सच तो यह है कि संपूर्ण प्रक्रिया की इसके अतिरिक्त और कोई गति ही नहीं है। एक समय था (बहुत से लोग ऐसे हैं जो अनजाने ही प्लेटोवादी, रहस्यवादी और तपस्वी हैं और आज भी उसी युग में जी रहे हैं) जब विश्वास किया जाता था कि ज्ञान प्राप्त करना एक प्रकार से आत्मा को भौतिक जगत् से ऊपर भगवान् की ओर, आद्य रूप, विचारों के संसार, परम पूर्ण की ओर प्रोन्नत करना है; और तब यह उसकी स्वाभाविक गति मानी जाती थी कि वह पहले प्रकृति के विरुद्ध किये गये अपने ही प्रयास के परिणामस्वरूप स्वयं से विरक्त हो, उच्च लोक को प्राप्त हो, फिर भौंचक्की सी पृथ्वी पर लौट आने के बाद निष्क्रिय हो कर आनन्दमग्न रहे। वह विचार जो, सचमुच विचार नहीं था, दूसरी ओर यथार्थता, जो सचमुच यथार्थता नहीं थी, द्वारा संतुलित था। किन्तु, चूँकि (विको, कांट, हीगेल और अन्य रूढ़ि-द्रोहियों के साथ-साथ) ज्ञान धरती पर आ गया है, और यह धारणा भी बदल गयी है कि वह जड़ यथार्थ का न्यूनाधिक धुँधला अनुकरण है तथा यह स्वीकार कर लिया गया है कि वह सदैव मानवीय रहता है एवं अरूप विचार नहीं

उन ठोस अवधारणाओं का जन्मदाता है जो संवाक्य (सिलोजिज्म) और ऐतिहासिक निर्णय तथा इंद्रियों द्वारा यथार्थ का ज्ञान हुआ करती हैं, अतः, अब क्रियात्मकता भी अपभ्रष्ट ज्ञान का निरूपण करनेवाली, स्वर्ग से धरती पर या स्वर्ग से नरक में दूसरी बार पतित हुई, नहीं मानी जाती, न ही यह ऐसी वस्तु रह गयी है जिसका किसी अन्य ढंग से समाधान हो सके या जिससे बचा जा सके। इसे ज्ञान की अनिवार्य माँग या उसी का अंतर्निहित पक्ष स्वीकार कर लिया गया है। अतः जैसा ज्ञान होगा वैसा ही उसका क्रिया पक्ष भी होगा। हमारा विचार ऐतिहासिक जगत् का ऐतिहासिक विचार होता है, विकास की विकसन-क्रिया होता है; जैसे ही किसी यथार्थ को परिभाषित किया जाता है वह परिभाषा व्यर्थ हो जाती है क्योंकि उससे एक नये यथार्थ का जन्म हो जाता है जो परिभाषित होने की अपेक्षा रखता है। यह नया यथार्थ, जो नैतिक जीवनरूप होता है, एक बुद्धिजीवी को व्यावहारिक आदमी, राजनीतिज्ञ, सन्त, व्यापारी या लोकनायक, बना देता है और अनुभवपूर्व के तार्किक संश्लेषण को अनुभवपूर्व के व्यावहारिक संश्लेषण का विस्तार दे देता है। किन्तु, तो भी यह नयी अनुभूति, नयी अभिलाषा, नयी कर्मेच्छा, नयी आसक्ति है जिसमें चेतना एक नवीन अन्तर्बोध, नयी गीतात्मकता, नयी कला को नयी सामग्री के रूप में पा लेने के लिए बेचैन होती है।

इस तरह, सम्पूर्ण शृंखला की अंतिम कड़ी पहली कड़ी से जुड़ जाती है (इसकी ओर मैं आरम्भ में ही संकेत कर चुका हूँ), वृत्त पूरा हो जाता है और यात्रा नये सिरे से फिर शुरू हो जाती है। प्रत्यागम की 'विशियाई' अवधारणा, जो अब क्लासिक बन गयी है, इसी के उद्‌भूत हुई है। (चेतना के) विकास का जो विवरण मैंने प्रस्तुत किया है वह कला की स्वतन्त्रता को भी स्पष्ट कर देता है और उन कारणों की ओर भी संकेत कर देता है जो कला को परतन्त्र माननेवालों के दृष्टिकोण का आधार है तथा जिनके कारण उन्होंने अपनी भ्रांत धारणाएँ (सुखवादी, नैतिकतावादी, अवधारणावादी आदि) बना रखी हैं जिनकी मैं ऊपर आलोचना कर आया हूँ और साथ-साथ यह भी बता चुका हूँ कि उनमें से प्रत्येक में सत्यांश हो सकता है। यदि यह पूछा जाय कि चेतना की विभिन्न क्रियाओं में से कौन-सी वास्तविक है, या, क्या वे सभी वास्तविक हैं तो उत्तर होगा कि उनमें से एक भी वास्तविक नहीं है क्योंकि उन सभी क्रियाओं की सक्रियता ही वास्तविक है जिसका उनमें से किसी विशिष्ट एक में वास नहीं है। एक के बाद एक जिन संश्लेषणों—कलात्मक, तार्किक और व्यावहारिक—की चर्चा हम कर आये हैं उनमें से संश्लेषणों का संशेलषण, चेतना, परम सत्य, ही एक मात्र वास्तविकता है। किन्तु, दूसरे दृष्टिोण से देखें तो उनमें चेतना की एकता, आने-जाने की शाश्वतता, उनकी शाश्वत ध्रुवता एवं वास्तविकता के अधिवास के कारण वे सभी सत्य हैं। जो लोग कला में अवधारणा, इतिहास, गणित, कोई वर्ग,

नैतिकता, सुख तथा और बहुत कुछ देखते हैं वे ठीक ही देखते हैं क्योंकि चेतना की एकता के कारण वे सब कला में समाहित हैं; सभी क्रियाओं को किसी एक में समेट लेने वाले किसी भी अन्य विशिष्ट रूप की भाँति कला का भी प्रबल एकपक्षीय गुण स्पष्ट कर देता है कि उसमें एक से दूसरे रूप में संक्रमण क्यों होता रहता है, इसे हम विकास संज्ञा से अभिहित करना चाहेंगे। किन्तु ये ही लोग तब ग़लती करते हैं जब वे (एकता के किसी अविच्छिन्न क्षण की विशेषता के कारण) उक्त घटकों को किसी अमूर्त आधार पर एक जैसी और गड्डमड्ड स्थिति में देखते हैं, क्योंकि अवधारणा, वर्ग, अंक, परिमाण, नैतिकता, उपयोगिता, सुख एवं दुःख कला में कला तत्त्व--पूर्वगामी या परगामी--बन कर आते हैं और इसलिए पहले से ही पूर्वधारणा या पूर्वाभास के रूप में विद्यमान रहते हैं (द सांक्तिस ने इसके लिए "वहाँ पहले से ही डूबे हुए या भुलाए हुए" का प्रयोग किया है), बिना इस पूर्वकल्पना या पूर्वभास के कला कला हो ही नहीं सकती। इसी तरह, कला तब भी कला नहीं रह सकती यदि उस पर (और इससे चेतना के अन्य रूप भी गड़बड़ा जायेंगे), कला के नाम पर, शुद्ध अन्तर्बोध के अतिरिक्त, अन्य मूल्य थोप दिये जाएँ। कलाकार की कला नैतिकता तथा दर्शन की दृष्टि से भले ही निम्न स्तर की हो किन्तु वह स्वयं नैतिक दृष्टि से कलंकरहित और दार्शनिकता के आधार पर भी दोषरहित माना जायगा; वह जिस सीमा तक कलाकार है उस सीमा तक वह न व्यावहारिक कार्य करता है न तर्क करता है केवल कविता, चित्र तथा संगीत की रचना करता है, संक्षेप में कहें तो वह स्वयं को अभिव्यक्त करता है। यदि हम कोई अन्य मानदंड अपनाते हैं तो हम भी 17वीं शती के इतालवी आलोचकों की भाँति उनकी दृष्टि से उन्मत, बड़बोले, हिंसक, क्रूर और कुशिक्षित नायकों के व्यवहार पर नाक सिकोड़ते हुए होमर की कविताओं का खंडन करने बैठ जायँगे। दाँते की कविता में निहित दर्शन की आलोचना निश्चित रूप से सम्भव है किन्तु वह आलोचना दाँते की कला के गौण पक्ष की ही होगी, ऊपर की कलावाली सतह उससे अछूती ही रह जायगी ठीक वैसे ही जैसे कोई सुरंग खोद कर जमीन के नीचे चला जाय और जमीन का ऊपरी भाग ज्यों का त्यों रह जाय। निकोलास माक्कियावेल्ली दाँते के राजनीतिक आदर्श का खंडन कर सकता है जिसमें वह मुक्ति के रक्षक के रूप में न एक सम्राट् न एक अन्तर्राष्ट्रीय पादरी वरन् एक एकाधिपति (टायरेंट) या राष्ट्रीय राजपुरुष की सिफारिश करता है, किन्तु दाँते के प्राणों की गीतात्मकता वह नहीं नष्ट कर सकता। इसी तरह, कुछ चित्र, रोमांचक कथाएँ और नाटक किशोरों और युवाओं को न देखने व पढ़ने का परामर्श दिया जा सकता है किन्तु वर्जना का यह परामर्श और वर्जना का कार्य केवल व्यावहारिक क्षेत्र तक ही सीमित रहेगा, इसका प्रभाव कलाकृतियों पर नहीं वरन् उन पुस्तकों और कैनवसों पर पड़ेगा जो कला के पुनरुत्पादन के साधन हैं और

कला की व्यावहारिक कृतियाँ होने के कारण हाट में जिनका एक निश्चित मूल्य (इतना अनाज या सोना) पर क्रय-विक्रय होता है, या, जिन्हें एक अल्मारी में बन्द किया जा सकता है, अथवा, जिन्हें सावोनारोला की भाँति कूड़े का ढेर कह कर आग लगा दी जा सकती है। एकता की प्रवृत्ति की गलत धारणा में विकास के विभिन्न चरणों का घालमेल करना, नैतिकता को कला पर प्रभुत्त्व जमाने देना जब कला नैतिकता से आगे बढ़ी हुई होती है, या, कला को विज्ञान पर प्रभुत्त्व जमाने देना जब विज्ञान कला पर हावी होता है, उससे आगे निकला हुआ होता है, या जीवन ही उससे आगे बढ़ा हुआ, अधिक प्रभावशाली होता हैः एकता की उचित धारणा, जो स्वयं में एक वैशिष्ट्य है, रखनेवाले को यह सब कुछ रोकना चाहिए अस्वीकार करना चाहिए।

मिथ्या एकता की भावना का वर्जन और खंडन इसलिए भी आवश्यक है जिससे न केवल वृत्त के विभिन्न अवस्थानों (स्टेजिज़) के स्थापित कोटि-क्रम के द्वारा चेतना के विभिन्न रूपों की स्वतंत्रता एवं परतंत्रता को वरन् इनमें परस्पर संरक्षण की क्रम-व्यवस्था को भी समझा जा सके। यहाँ, मैं एक और समस्या का भी उल्लेख करना चाहूँगा यद्यपि इसके पहले भी सरसरी तौर पर उसकी ओर संकेत कर चुका हूँ। समस्या है कल्पना और तर्कशास्त्र तथा कला एवं विज्ञान के परस्पर सम्बन्ध की। यह समस्या मूलतः कुछ वैसी ही है जैसी काव्य और गद्य के भेदक की खोज करते समय सामने आती है। काव्य और गद्य के भेद के बारे में शीघ्र ही यह पता लग गया था (क्योंकि अरस्तू के 'काव्यशास्त्र' में भी यह मिलता है) कि यह रचना के छंदोबद्ध या छंदरहित होने से सम्बन्धित नहीं है क्योंकि काव्य गद्य में भी हो सकता है (जैसे, रोमांचक कथाएँ और नाटक) और गद्य छंदोबद्ध भी हो सकता है (जैसे, उपदेशात्मक और दार्शनिक पद्य)। इसलिए भेद करने का हमारा मानदंड अधिक तलगामी होना चाहिए, जैसे, बिम्ब तथा प्रत्यक्ष ज्ञान, अन्तर्बोध और निर्णय जिनकी व्याख्या पहले हो चुकी है। तदनुसार बिम्ब की अभिव्यक्ति काव्य है और निर्णय अथवा अवधारणा की अभिव्यक्ति गद्य है। किन्तु, दोनों अभिव्यक्तियों की प्रकृति, अभिव्यक्ति होने के नाते, एक जैसी है और दोनों का सौंदर्यशास्त्रीय मूल्य भी समान है। इसलिए, कवि यदि अपनी भावानुभूतियों को गीतिमय अभिव्यक्ति देता है तो गद्यकार भी अपनी भावानुभूतियें को गीतिमय अभिव्यक्ति प्रदान करता है, वह भी एक कवि है भले ही उसकी भावानुभूतियाँ अवधारणा की खोज-प्रक्रिया में अथवा उससे उद्भूत हों। अतः हमारे पास कोई ऐसा आधार नहीं है जिससे हम चतुर्दशपदी के रचयिता को तो कवि कहें पर "मेटाफ़िज़िक", "सोम्मा तियोलोजिया", "सिआंत्सा नोवा" "फिनोमेनोलॉजी ऑफ़ दि स्पिरिट" के रचयिताओं अथवा पेलोपोनीशियाई लड़ाइयों का वर्णन करनेवाले, ऑगस्तस और ताइबीरियस की राजनीति का विवरण

देनेवाले या विश्व का इतिहास लिखनेवाले के लिए यह अभिधान वर्जित कर दें। ये सभी कृतियाँ उतनी ही भावावेगसंपन्न, उतनी ही गीतिमय और उतनी ही निरूपणशक्तियुक्त हैं जितनी एक चतुर्दशपदी या कविता होती है। काव्य गुण केवल कवि के लिए सुरक्षित रखने और गद्यकार के लिए उन्हें वर्जित करने के समस्त प्रयास अब उसी तरह भयंकर रूप से विफल हो चके हैं जिस तरह ढलवाँ पर्वत की चोटी तक पत्थर ले जाने के श्रमशील प्रयास क्योंकि जैसे ही पत्थरों को वहाँ रखा जाता है वे धड़ाम से फिर वादी में आ गिरते हैं। फिर भी गद्य और कविता में एक अन्तर स्पष्ट है किन्तु उसे ठीक से समझने के लिए दोनों को सामान्य तर्क के अनुसार इस तरह अलग करने की आवश्यकता नहीं है मानों वे दो विरोधी अवधारणाएँ हों जिनका एक में समायोजन कर दिया गया हो। काव्य से गद्य की ओर एक क्रमिक विकास के रूप में ही उन्हें समझना चाहिए। काव्य-रचना की प्रक्रिया में चेतना की एकता के कारण कवि न केवल उत्कट भावमयी सामग्री की पूर्वकल्पना को स्वीकार करता है वरन् उस उत्कट भाव की रक्षा करते हुए उसे कवि के उत्कट भाव (कला की अभीप्सा) तक ऊपर भी उठाता है। इसी तरह एक विचारक या गद्यकार भी न केवल अपने उत्कट भाव की रक्षा करते हुए उसे विज्ञान के प्रति उत्कट भाव की सीमा तक उठाता है बल्कि अपने अन्तर्बोध की शक्ति को भी बनाये रखता है जिसके कारण उसके निर्णय अपने सम्पूर्ण भाव-वलय के साथ अभिव्यक्त होते हैं। इसीलिए, उनकी कलात्मक और वैज्ञानिक विशेषताएँ अक्षुण्ण रहती हैं। उनकी वैज्ञानिक विशेषताओं की पूर्वकल्पना को स्वीकार करते हुए अथवा उससे तथा विज्ञान की आलोचना से कलात्मक विशेषता को अलगाते हुए उस पर स्वतन्त्र रूप से कभी भी मनन किया जा सकता है ताकि उसने जो कलात्मक रूप लिया है उसका आनन्द उठाया जा सके। यही कारण है जिसके आधार पर विज्ञान को (भले ही एक भिन्न दृष्टिकोण से) विज्ञान के इतिहास और साहित्य के इतिहास के वर्ग के अन्तर्गत रखा जा सकता है और अलंकारशास्त्रियों द्वारा गिनाये गये काव्य के विभिन्न प्रकारों में "गद्य का काव्य" की गणना न करना मात्र सनक है। सच तो यह है कि कभी-कभी तथाकथित काव्य की अपेक्षा उसमें कहीं अधिक शुद्ध काव्यत्व होता है। यह उचित होगा कि यहाँ मैं इसी तरह की एक और समस्या का भी उल्लेख कर दूँ। इसकी ओर भी मैं पहले सरसरी तौर पर संकेत कर चुका हूँ। समस्या है कला और नैतिकता में परस्पर सम्बन्ध की। इन दोनों के तादात्म्य को नकारा जा चुका है किन्तु हमें इसे फिर से प्रतिष्ठित करना होगा। इस सम्बन्ध में यह ध्यान दिया जाना चाहिए कि चूँकि कवि कला के प्रति अपने उत्कट भाव को तभी बचाये रख पाता है जब वह अन्य प्रबल आवेगों से मुक्ति पा चुका होता है, इसी लिए वह कला में एक कर्तव्यबोध (कला के प्रति कर्तव्य भावना) को भी बनाये रखता है। अतः

प्रत्येक कवि, रचना-प्रक्रिया के समय नीतिमान् होता है क्योंकि वह एक पवित्र कार्य कर रहा होता है।

और अन्त में, चेतना के विभिन्न रूपों का क्रम और तर्कसंगत आधार उनमें से प्रत्येक को दूसरे के लिए आवश्यक बनाते हुए सब को आवश्यक बना देता है। इससे स्पष्ट हो जाता है कि किसी एक को किसी अन्य के लिए नकार देना कितनी बड़ी भूल है। यह भूल दार्शनिक (प्लेटो) करता है, या नैतिकतावादी (सावोनारोला या प्रूधों) करता है या प्रकृतिवादी और व्यावहारिक व्यक्ति (इस वर्ग में तो इतने लोग हैं कि मुझे नाम लेने की आवयकता ही नहीं है) करता है। ये सभी कला और कविता को नकारते हैं। दूसरी ओर विद्रोही कलाकार भी जो चिन्तन, विज्ञान, व्यवहार, नैतिकता आदि को नकारता है, वही भूल करता है। यही भूल स्वच्छंदतावादियों ने त्रासदी के क्षेत्र में की और कामेदी के क्षेत्र में आजकल के ह्रासवादी साहित्यकार (डिकेडेंट्स) कर रहे हैं। इन भूलों और बेबकूफियों को सामान्य परिस्थितियों में क्षमा किया जा सकता है (यह सोच कर कि किसी को एकदम दुखी क्यों किया जाय) क्योंकि यह तो स्पष्ट है कि ऐसे लोगों के पास भी नकारात्मक दृष्टि का एक ठोस आधार है। वे वस्तुतः कला और विज्ञान, व्यावहारिकता और नैतिकता की कतिपय भ्रांत धारणाओं या भ्रांत अभिव्यक्तियों के विरुद्ध विद्रोह करना चाहते हैं (उदहरणार्थ, प्लेटो इस बात का विरोध कर रहा था कि कविता "ज्ञान राशि का संचित कोश है", सावोनारोला का संघर्ष इटली की जागरणकालीन सभ्यता से इसलिए था कि वह तापसी न होने के कारण भ्रष्ट थी तथा शीघ्र ही लुप्त हो जाने वाली थी)। किन्तु यह सिद्ध करना भी पागलपन होगा कि यदि दर्शनशास्त्र बिना कला के होता तो भी वह अकेला ही अस्तित्व में होता क्योंकि तब उसके पास वह शक्ति भी नहीं होती जो समस्याओं को नियंत्रित करने के लिए तथा एकाकी अस्तित्व में बने रहने के लिए आवश्यक है। इसी तरह वह क्रियाशीलता भी नहीं रह जाती जो उच्चाकांक्षाओं, जिन्हें 'आदर्श', 'मनभावन कल्पना' कहा जाता है जो वस्तुतः कला ही है, से प्रेरित हो कर ही निरन्तर ऊर्जावान बनी रहती है। दूसरी ओर नैतिकताविहीन कला, वह कला जो ह्रासवादी साहित्यकारों की तरह "शुद्ध सौंदर्य" के नाम का शोषण करती है जो ठीक वैसा ही है जैसा किसी पिशाची प्रतिमा के आगे अगरु धूम जला कर भूतों का पूजा करना, वस्तुतः सड़ी हुई कला है। यह जिस जीवन से उद्‌भूत होती है और जिस जीवन से परिवेष्टित है वह नैतिकताविहीन होने के कारण इसे भी एक सनक, विलास का साधन, मात्र एक छलावा बना देता है। इसकी सेवा कलाकार नहीं करता वरन् यह स्वयं एक नीच दासी की तरह कलाकार के निजी तथा मिथ्या हितों को साधती है।

चेतना के विभिन्न रूपों तथा कला की स्वतंत्रता एवं परतन्त्रता के परस्पर

सम्बन्ध को समझाने में वृत्त की कल्पना हमारी बहुत सहायता करती है। फिर भी इसके सम्बन्ध में यह आपत्ति उठायी गयी है कि यह चेतना के कार्य को खिन्नतापूर्ण और ऊबवाली उधेड़-बुन के रूप में देखती है (जैसे कोल्हू का बैल एक ही जगह चक्कर काटे जा रहा हो), इसमें जितना श्रम है उतनी प्राप्ति नहीं है। यह सर्वविदित है कि किसी भी लाक्षणिक प्रयोग में कहीं न कहीं उसकी विडंबना करने की गुंजाइश रहती ही है और क्षण भर के लिए उससे हमारा मनोरंजन भी हो जाता है। किन्तु इसी से हम उस प्रयोग में निहित गम्भीर विचार पर ध्यान देने के लिए प्रवृत्त भी होते हैं। और यह विचार आने-जाने की आवृत्ति की भाँति जड़ नहीं है वरन् गमन और आगमन की निरंतरता में समृद्ध होने की प्रक्रिया है। अंतिम कड़ी जो फिर से नयी कड़ी बनती है वास्तव में पुरानीवाली पहली कड़ी नहीं होती वरन् उसमें जिये गये जीवन के अनुभव से अवधारणाएँ अधिक सटीक हो कर बहुस्तरीय बन कर जुड़ी होती हैं। इनके साथ उन कृतियों का भावन भी जुड़ा होता है जिनका पहली पुरानी कड़ी के समय अभाव था। इसी से अधिक उदात्त अधिक परिष्कृत, अधिक जटिल और अधिक परिपक्व कला के लिए सामग्री प्राप्त होती है। इस तरह वृत्त का यह परिभ्रमण एक ही स्तर पर नहीं होता वरन् क्षण-प्रति-क्षण ऊँचा उठता रहता है। दर्शन की भाषा में यह उत्तरोत्तर वृद्धि चेतना और यथार्थ का भीतर ही भीतर निरंतर सच्चे विकास का उदाहरण है। इसमें विकासमान रूप को छोड़ कर और किसी भी वस्तु की आवृत्ति नहीं होती। हां, किसी चलते हुए आदमी पर कोई यह आपत्ति उठाये कि वह चल ही नहीं रहा है क्योंकि उसके पाँव एक ही काल में हिल रहे हैं तो बात दूसरी है।

इस विचारधारा के विरुद्ध एक अन्य आपत्ति, अथवा विरोधी आंदोलन, यद्यपि वह अत्यन्त सचेत होकर नहीं चलाया जा रहा है, बहुधा देखने में आता है। यह है, थोड़े या अधिक लोगों में वर्तुलावस्था, जो जीवन का नियम भी है, का अतिक्रमण करने के प्रयास की व्यग्रता। वे एक ऐसे क्षेत्र में पहुँच जाना चाहते हैं जहाँ इस व्याकुल कर देनेवाली गति में स्थिरता आ जाये, मानों वे सागर के बाहर किनारे पर खड़े हो कर, सागर की ओर पीठ फेर कर उठती-गिरती लहरों पर चिन्तन करना चाहते हों। यह विश्रांति क्या है इसकी चर्चा मैं पहले ही कर चुका हूँ। यह उन्नयन या उदात्तीकरण के आवरण में यथार्थ को प्रभावशाली ढंग से नकारना है। यह स्थिति निश्चित ही पायी जा सकती है किन्तु इसका नाम है मृत्यु, यथार्थ की नहीं व्यक्ति की क्योंकि यथार्थ न तो मरणशील है और न अपनी गति से विचलित होता है, उलटे उससे उसे सुख मिलता है। कुछ लोग हैं जो ऐसे चेतन रूप का स्वप्न देखते हैं जिसमें वृत्त विलीन हो जाये। इसे वे विचारों का सार रूप 'विचार', 'सिद्धान्त' और 'व्यवहार' का एकत्व, 'प्रेम', 'भगवान्' या इसी प्रकार का कोई और नाम देते हैं। ऐसे लोग

भूल जाते हैं कि यह विचार, यह एकता, यह भगवान् पहले से ही वृत्त में और उसी के हेतु अस्तित्वमान् है और ये व्यर्थ ही उस खोज में लगे हुए हैं जो पहले ही पूरी हो चुकी है। इनके द्वारा पहले से पा ली गयी वस्तु की लक्षणा द्वारा पुनरुक्ति ऐसी ही है जैसे किसी का वास्तविक जगत् में घटी घटना को अन्य लोक की पौराणिक गाथा में दुहराना।

यहाँ तक इस नाटक की रूप-रेखा मैंने उसी रूप में खींची है जिस रूप में यह सचमुच है, मनःकल्पित एवं अपार्थिव। इन शब्दों को पहले और बाद में केवल चर्चा की सुविधा के लिए और तर्कसम्मत क्रम—मनःकल्पित एवं अपार्थिव—की ओर संकेत करने के लिए रखा है क्योंकि सच्चाई यह है कि एक भी क्षण और एक भी व्यक्ति ऐसा नहीं है जिसमें यह सब न घटता हो ठीक वैसे ही जैसे विश्व का एक भी कण ऐसा नहीं है जिसमें परम चेतना अपने प्राण न फूँकती हो। किन्तु, परम यथार्थ को, भावमूलक नाटक के अविभाज्य क्षणों को, अनुभव सिद्ध यथार्थ में ऐसे देखा जा सकता है मानों वे विभाजित स्थिति में हों, ठीक उसी तरह जैसे भावमूलक विशेषताओं को गोचर प्रतीक में देखा जा सकता है। इसका यह अर्थ नहीं है कि वे सचमुच विभाजित स्थिति में हैं (यथार्थ का सच्चा रूप भावमूलकता ही है) किन्तु जो व्यक्ति उनको वर्गीकरण की दृष्टि से देखता हैं उसे अपने अनुभव में वे ऐसे ही दीखते हैं क्योंकि जो व्यक्ति किन्हीं चुने-चुनाये वर्गों के अन्तर्गत तथ्यों के विशेषत्त्व को सुनिश्चित कर लेना चाहता है उसके पास इसके अतिरिक्त और कोई उपाय ही नहीं रह जाता कि वह मनः कल्पित विशेषताओं को बढ़ा-चढ़ा कर रखे। इस तरह से लगता है कि कलाकार, दार्शनिक, इतिहासज्ञ, प्रकृतिवादी, गणितज्ञ, व्यापारी और एक सज्जन व्यक्ति एक-दूसरे से अलग-थलग जीवन जी रहे हैं; और कला, दर्शन, इतिहास, प्रकृति, गणित, अर्थशास्त्र और नीति की सांस्कृतिक सीमाएँ तथा इनसे सम्बन्धित ढेर-सी संस्थाएँ एक दूसरे से अलग प्रतीत होती हैं। परिणामस्वरूप, अन्ततः, समग्र मानव जीवन ही युगों में विभाजित प्रतीत होता है जिनमें कभी कोई तथा कभी और कोई मनःकल्पित रूप निरूपित होता हैः जैसे, कल्पना, धर्म, चिन्तन, प्रकृति-विज्ञान, भारी उद्योग, राजनीतिक उथल-पुथल, नैतिक उत्कटता, सुखवाद आदि के युग और लगता है मानों ये ही युग अपनी-अपनी चरम सीमाओं पर पहुँच कर आते-जाते रहते हैं। किन्तु, इतिहासज्ञ की दृष्टि व्यक्तियों, वर्गों और युगों की एकरूपता में सनातन अन्तर खोज निकालती है और दार्शनिक चेतना भेद में अभेद खोज लेती है, और दार्शनिक-इतिहासज्ञ उस भेद में श्रेष्ठ विकास एवं एकता तथा साथ में ऐतिहासिक विकास भी देखता है।

चलिये हम थोड़ी देर के लिए अनुभववादियों (एंपिरिसिस्ट्स) की तरह बात करें (क्योंकि आजकल लोग अनुभववाद को भी मानने लगे हैं तो उसका कोई न कोई

उपयोग तो होगा ही) और स्वयं से यह पूछें कि हमारा वर्तमान युग, या, वह जो अभी-अभी बीता है किस वर्ग के अन्तर्गत आता है? इसकी मुख्य विशेषता क्या है? इसका तत्काल और सार्वजनीन उत्तर होगा कि यह संस्कृति से प्रकृतिवादी और व्यवहार में भारी उद्योगप्रधान रहा है, किन्तु दर्शन एवं कला की दृष्टि से इसे महान् नहीं कहा जा सकता। फिर भी, चूँकि (और यहीं अनुभववाद संकटग्रस्त स्थिति में है) कोई भी युग बिना दर्शन और बिना कला के नहीं रह सकता हमारे युग के पास भी अपनी सीमा भर ये दोनों चीज़ें हैं। इस युग की चिन्ताधारा में, वर्तमान दर्शन और कला को—प्रथम को परोक्षतः और द्वितीय को प्रत्यक्षतः—युगीन जटिलताओं एवं सरोकारों के अभिलेख के रूप में स्वीकार कर लिया गया है। इनकी व्याख्या हमें अपना कर्तव्य निर्धारित करने में सहायक हो सकती है।

समकालीन कला विषयानुरागी और सुखभोग की असीम अभिलाषा से प्रेरित है। इसने बड़े भोंड़े ढंग से आभिजात्य वर्ग, जिसे वह पूरी तरह समझ नहीं पायी थी, में अपना स्थान बनाना चाहा। यह वर्ग स्वयं को विलास के आदर्श अथवा उद्दंडता तथा क्रूरता के आदर्श के रूप में प्रस्तुत करता है। कभी-कभी उसमें रहस्यवाद की आकांक्षा भी दीखती है किन्तु इससे भी उसकी आत्मश्लाधा एवं भोगवाद की वृत्ति ही प्रकट होती है क्योंकि इस वर्ग की न भगवान् में आस्था है न चिन्तन में, यह संशयात्मा और निराशावादी है। हाँ, अन्तस की इन स्थितियों को वह बहुधा अत्यन्त सशक्त अभिव्यक्ति देता है। नैतिकतावादी व्यर्थ ही इस कला का खंडन करते हैं। इसके प्रेरक हेतुओं और उत्पत्ति को समझ लेने के बाद हमें इसके विरुद्ध कार्रवाई करने की प्रेरणा मिलती है और हमारी कार्रवाई कला को खंडित करने, दबाने या नया मोड़ देने की दिशा में नहीं बल्कि स्वयं जीवन को ही अधिक उत्साह से अधिक स्वस्थ एवं गम्भीर नैतिकता की दिशा में मोड़नेवाली होगी। ऐसी नैतिकता श्रेष्ठतर कला को जन्म देगी, और मैं तो कहूँगा कि वह श्रेष्ठतर दर्शन को भी जन्म देगी। ऐसा दर्शन हमारे युग के दर्शन से निश्चित ही अधिक श्रेष्ठ होगा क्योंकि युगीन दर्शन न कला, न धर्म, न विज्ञान और न अपने लिए ही कोई आधार बना पाया है। यह स्वयं में एक गहरा रहस्य है। सच पूछें तो यह ऐसा विषय है जो प्रत्यक्षवादियों (पॉज़िटिविस्ट्स), नवआलोचकों, मनोवैज्ञानिकों और व्यवहारवादियों (प्रैग्मैटिस्ट्स) की भयंकर भूलों से भरा पड़ा है। व्यवहारवादी अकेले स्वयं को ही समकालीन दर्शन का प्रतिनिध मानते हैं और अब ये फिर से कला-सम्बन्धी बड़ी बचकाना, अनगढ़ अवधारणाओं में डुबकी लगाने लगे हैं, कुछ और शक्ति पाने के लिए कुछ और नयी समस्याएँ तैयार करने के लिए।

समीक्षा और कला का इतिहास

कला एवं साहित्य की समीक्षा को कलाकार बहुधा इस तरह से देखते हैं मानों वह किसी पाठशाला की कोई रुक्ष तथा कठोर अध्यापिका हो जो अपनी सनक में आज्ञाएँ देती है, कभी अंकुश लगाती है तो कभी अनुमति देती है। इस तरह, कभी उनके काम में मदद दे कर तो कभी उन्हें हानि पहुँचा कर स्वेच्छया उनके भाग्य का निपटारा करती है। इसलिए कलाकार मन ही मन उससे घृणा करते हुए भी या तो उसके प्रति आज्ञाकारी, विनम्र, प्रशंसक और भक्त बने रहने का दिखावा करते हैं, अथवा, जब उन्हें अभीष्ट की प्राप्ति नहीं होती या उनका स्वाभिमान उन्हें दरबारी कौशल के निचले स्तर पर उतर आने से रोकता है तो वे इसके प्रति विद्रोह कर बैठते हैं और कभी गाली दे कर, कभी मज़ाक उड़ा कर उसकी व्यर्थता घोषित करते हैं। समीक्षक की तुलना वे ऐसे गधे से करते हैं (यह व्यक्तिगत अनुभव की बात है) जो एक कुम्हार की दुकान में घुस कर धूप में सूखने के लिए रखी उसकी कला के नाज़ुक नमूनों को अपने खुरों से टुकड़े-टुकड़े कर देता है। सच पूछा जाय तो यहाँ कलाकारों का ही दोष है क्योंकि उन्हें पता नहीं है कि समीक्षा क्या है। वे इससे उस अनुग्रह की अपेक्षा रखते हैं जो इसके सामर्थ्य में है ही नहीं और उस हानि से डरते हैं जो यह कभी पहुँचा ही नहीं सकती। यह स्पष्ट है कि जिसमें कलाकार होने के गुण नहीं हैं उसे कोई समीक्षक कलाकार नहीं बना सकता। इसी तरह, एक सच्चे कलाकार को कोई समीक्षक न कलाविहीन कर सकता है न नीचे गिरा सकता है और न थोड़ी भी हानि पहुँचा सकता है क्योंकि ऐसे कार्य का भौतिक सीमा के बारह जाना ही असम्भव है। इतिहास में ऐसी घटनाएँ न कभी घटीं, न आज घट रही हैं और न भविष्य में कभी घटेंगी। इस ओर से हम निश्चिंत रह सकते हैं। कभी-कभी ये समीक्षक ही, या तथाकथित समीक्षक, स्वयं को शिक्षक, भविष्य-वक्ता, कला-निदेशक, कला-विधायक, द्रष्टा और देवदूत के रूप में प्रस्तुत करते हैं। वे कलाकार को यह या वह करने की आज्ञा देते हैं, उन्हें विषय देते हैं और घोषणा करते हैं कि अमुक विषय काव्यात्मक है और अमुक नहीं है। वे समकालीन कला से असन्तुष्ट होते हैं और भूतकाल की इस या उस युग की कला के समर्थक होते हैं, या, घोषण करते

हैं कि उन्हें आभास हो गया है श्रेष्ठ कला का युग निकट भविष्य अथवा सुदूर भविष्य में आने वाला है। वे तास्सो को इसलिए फटकारेंगे कि वह आरियोस्तो क्यों नहीं बना, ल्योपार्दी को मेतासतास्यो न होने के लिए, मांत्सोनी को आल्फियेरी न होने के लिए और द' आनुंत्स्यो को बेर्शेत या फ्रा ज़ाकोपोनी न हो पाने के लिए बुरा-भला कहेंगे। वे भविष्य में एक ऐसे महान् कलाकार का वर्णन करेंगे जो उनके द्वारा प्रदत्त नीति, दर्शन, इतिहास, भाषा, छन्द, रंग और रचना-विधान तथा इसी प्रकार की अन्य आवश्यक वस्तुओं की सहायता से महान् बनेगा। यहाँ पर दोष सरासर आलोचक का है। एक जंगली जानवर को पालतू बनाने के लिए (ताकि आगे वह हमारे काम आ सके) उसे चारा देकर और झांसा देकर उससे माया-मोहपूर्ण व्यवहार किया जाता है और जब वह काम लायक नहीं रह जाता तो कसाईखाने में भेज दिया जाता है। यदि कलाकार भी समीक्षक की क्रूरता के प्रति ऐसा ही व्यवहार करे तो यह उचित ही है। किन्तु समीक्षा के सम्मान की रक्षा के लिए इतना हमें और जोड़ देना चाहिए कि उल्लिखित सनकी समीक्षक समीक्षक न हो कर कलाकार होते हैं; वे कलाकार जो असफल हो गये हैं और उस कला-रूप की अभिलाषा करते हैं जिसको वे पा ही नहीं सके क्योंकि या तो अभिलाषा उनकी प्रकृति के विरुद्ध थी या उनमें पर्याप्त सामर्थ्य नहीं था। आदर्श को प्राप्त न कर पाने के कारण उनके मन में कटुता भरी रहती है, फलस्वरूप, हर जगह उसके अभाव का रोना रोने और उसको स्थापित करने की माँग के अतिरिक्त उनके पास बात करने के लिए और कोई विषय होता ही नहीं। कभी-कभी ऐसे भी कलाकार होते हैं जो असफल तो नहीं होते किन्तु अपने में ही मग्न रहते हैं, अपने कलाकार व्यक्तित्त्व की शक्ति के कारण वे अपनी सीमाओं से बाहर नहीं आ पाते जिससे इतर कला-रूपों को न समझ पाने के कारण उनका बड़े जोर-शोर से खंडन करते हैं; कलाकार का कलाकार के प्रति घृणा भाव उन्हें इस अस्वीकृति के लिए प्रेरित करता है। यह निश्चित ही एक दोष है और इससे अनेक उत्कृष्ट कलाकार ग्रस्त हैं। वे अपनी प्रकृति से विवश हैं। यह स्थिति कुछ वैसी ही है जैसी उन स्त्रियों की जिनके बारे में हम जानते हैं कि उनमें दोष हैं किन्तु गुणों से विलग न कर पाने के कारण उन्हें सहना हमारी विवशता बन जाता है। इन कलाकार-समीक्षकों को अन्य कलाकारों द्वारा शान्त भाव से यह उत्तर दिया जाना चाहिए: "तुम जो अच्छे ढंग से कर सकते हो उसे करते रहो और हम जो कर सकते हैं उसे करने दो।" और जो कलाकार असफल हो कर तत्काल समीक्षक बन बैठे हैं उनसे कहा जाना चाहिए: "जो तुम कर नहीं सके, या जो भविष्य का काम है, जिसके बारे में न तुम न हम कुछ जानते हैं, वह हम करें ऐसी अपेक्षा हमसे मत रखो।" सामान्यतः ऐसा उत्तर दिया नहीं जाता क्योंकि इसमें आवेश होता है; किन्तु यही तर्कसम्मत उत्तर है जो तर्कसम्मत पद्धति से प्रश्न को निःशेष कर देता है, यद्यपि

इससे विवाद समाप्त नहीं होगा यह हमें जान लेना चाहिए। जब तक असहिष्णु कलाकार और असफलताएँ रहेंगी तक तक यह विवाद भी रहेगा, अर्थात, सदैव रहेगा।

समीक्षा का एक दूसरा रूप भी है। इसका पहला रूप जैसे शिक्षक और निरंकुश शासक में व्यक्त होता है उसी तरह यह दूसरा रूप दंडाधिकारी (मैजिस्ट्रेट) और न्यायाधीश में व्यक्त होता है। इस रूप में समीक्षा का कर्तव्य कला का विकास या मार्गनिर्देशन करना नहीं होता। यह काम, जैसा कि हम सब जानते हैं, इतिहास करता है, अर्थात्, इतिहास के आयाम में चेतना की जटिल गतिविधि द्वारा ही सम्पन्न होता है। न्यायाधीश के रूप में पूर्वरचित कला में सुन्दर को असुन्दर से अलग कर सुन्दर का समर्थन करता है और असुन्दर के खंडन का निर्णय पूरी गम्भीरता तथा कठोरता से करता है। किन्तु मुझे डर है कि इस दूसरे रूप में भी समीक्षा पर लगा दाग़ कि वह व्यर्थ है, दूर नहीं हो सकता, हाँ, इसके हेतु में थोड़ा परिवर्तन भले हो जाय। क्या सुन्दर और असुन्दर में भेद करने के लिए सचमुच समीक्षा की आवश्यकता है? कला की रचना स्वयं ही इस भेद की स्थापना है क्योंकि कलाकार अभिव्यक्ति की शुद्धता तक उसको प्रभावित करनेवाले असुन्दर को दूर हटा कर ही पहुँच पाता है। कला के शुद्ध भाव के विरोध में उत्कट मानवीय आवेग ही वह असुन्दर तत्त्व हैः उसकी दुर्बलताएँ, पूर्वग्रह, सुविधाएँ, उसका 'इससे मुझे क्या लेना-देना' वाला भाव व्यग्रता, उसकी एक आँख का कला पर और दूसरी का दर्शक, प्रकाशक या प्रदर्शनी के आयोजक पर होना आदि, ये सारे घटक ऐसे हैं जो बिम्ब-अभिव्यक्ति के जन्म लेने की सामान्य और दैहिक प्रकिया में अवरोध उत्पन्न करते हैं। अर्थात, कानों में गूँजनेवाले और काव्य को जन्म देने वाले छंद की रचना करते समय कवि, रंग-संगति की रचना और ठीक रेखा खींचते समय चित्रकार, और राग-रचना करते समय संगीतकार यदि असुन्दर से स्वयं को बचाने में सावधान नहीं होगा तो उसके छन्दों में व्यर्थ का व्यंजन संगीत होगा, अनेक त्रुटियाँ होंगी, लय में न्यूनता होगी और विसंगति होगी। कला-रचना के समय कलाकार अपने लिए भी अत्यन्त कठोर न्यायाधीश बन जाता है जिसकी दृष्टि से कुछ भी नहीं बच पाता—वह भी नहीं जो दूसरों की दृष्टि से बच जाता है। ऐसी स्थिति में उसकी रचना पर मनन करते ही दूसरे लोग भी सहज ही तथा अत्यन्त स्पष्टता से जान जाते हैं कि कलाकार कहाँ तक कलाकार रहा है और कहाँ तक एक सामान्य मनुष्य; किन कृतियों में, या, कृतियों के किन अंशों में गीतात्मक भावावेग और रचनात्मक कल्पना का एकछत्र शासन है और किस भाग में भाव और कल्पना कुंठित हो गये हैं जिससे अन्य तत्त्वों, जो कला का मुखौटा लगाये हैं और इसी लिए (यदि मुखौटेवाले पक्ष पर ही विचार किया जाय) 'असुन्दर' कहलाते हैं, को प्रविष्ट हो जाने का अवसर मिल गया है। इस असुन्दर को समीक्षा द्वारा घोषित करने की क्या आवश्यकता है जब कारयित्री

प्रतिभा और भावयित्री प्रतिभा द्वारा यह कार्य पहले ही किया जा चुका है। प्रतिभा और रुचि प्रतिरोधात्मक शक्तियाँ हैं, जनता हैं, सामान्य और व्यावहारिक जनमत हैं। और उतना ही सत्य यह भी है कि समीक्षा की घोषणाएँ हमेशा इसके बहुत देर बाद आती हैं; वे उन्हीं रूपों को प्रतिष्ठित करती हैं जो पहले ही सार्वजनीन प्रशंसा द्वारा विधिपूर्वक प्रतिष्ठित हो चुकी होती हैं (वास्तविक प्रशंसा को भ्रम से तालियों की गड़गड़ाहट या सामाजिक प्रतिष्ठा नहीं समझलेना चाहिए और शाश्वत यश को धन के आने-जाने से जोड़ कर नहीं देखना चाहिए)। समीक्षा उस असुन्दर का खंडन करती है जो पहले से ही तिरस्कृत हो चुका है, शिथिल हो चुका है और भुलाया जा चुका है और यदि अभी भी प्रशंसित है तो बुरी नीयत से, पक्षपात अथवा मिथ्याभिमान के कारण। दंडाधिकारी के रूप में समीक्षा मरे हुए को मारती है और पहले से ही पूरी तरह जीवंत को पंखा झलती है इस विश्वास के साथ कि वह जो हवा दे रही है वह मुर्दे को भी जीवित कर देनेवाली परमात्मा की प्राण वायु है। तात्पर्य यह कि वह व्यर्थ का कार्य करती है क्योंकि वह कार्य तो पहले ही किया जा चुका है। मैं अपने से पूछता हूँ कि दाँते, या शेक्सपीयर या माइकेलांजेलो की महत्ता को आलोचकों ने प्रतिष्ठि किया है या उनके असंख्य पाठकों ने। इन महान् व्यक्तियों की जयजयकार जिन असंख्य पाठकों ने की है और जो अब भी कर हरे हैं उनमें यदि कुछ अच्छे साहित्यकार और व्यावसायिक समीक्षक भी हों तो उनकी प्रशंसा शेष व्यक्तियों की प्रशंसा से भिन्न नहीं होती। ये सभी व्यक्ति—युवा हों या जनसामान्य—सौन्दर्य के लिए अपना दिल हमेशा खुला रखते हैं। सौन्दर्य सबसे बतियाता है, हाँ, जब कभी असंख्य चेहरों में किसी समीक्षक-न्यायाधीश को पहचान लेता है तो मौन हो जाता है।

और, इस तरह समीक्षा की एक तीसरी अवधारणा उभरती है: व्याख्या अथवा टीकावाली समीक्षा। यह कलाकृतियों की तुलना में स्वयं को लघु मानती है और अपना कार्यक्षेत्र अत्यंत सीमित रखती है, जैसे, कृति को झाड़ना-पोंछना, पर्याप्त प्रकाश में रखना, जिस युग की वह कृति है और जिस विषय का उसमें निरूपण हुआ है उनकी पूरी जानकारी देना, भाषा-रूपों की व्याख्या करना, ऐतिहासिक सन्दर्भ जुटाना, कविता में तथ्य और विचार की प्रकल्पना (प्रिज़ंप्शन) स्पष्ट करना आदि। दोनों ही रूपों में यह जो कार्य करती है उससे दर्शक या पाठक की आत्मा में कला को सहजता से कार्य करने में सहायता मिलती है। तब वह जो भी निर्णय लेता है निजी रुचि के अनुसार लेता है। इस स्थिति में समीक्षा की भूमिका एक प्रशिक्षित संग्रहालय दर्शयिता (सिसरोन) अथवा धैर्यवान् एवं सावधान अध्यापक की होती है। "समीक्षा पढ़ना सिखाने की कला है" यह परिभाषा एक प्रसिद्ध समीक्षक ने दी है और इसकी अनुगूँज आज भी विद्यमान है। संग्रहालयों और प्रदर्शनियों में मार्गदर्शकों, पढ़ना सिखानेवाले अध्यापकों, की उपादेयता को आज कोई भी अस्वीकार नहीं करता,

फिर विद्वान् दर्शयिताओं तथा अध्यापकों का तो प्रश्न ही नहीं उठता क्योंकि उन्हें ऐसी बहुत सी बातों की जानकारी होती है जिनसे अधिकांश अनभिज्ञ होते हैं और इस कारण से वे विषय सम्बन्धी प्रभूत जानकारी दे सकते हैं। इस सहायता की आवश्यकता अत्यन्त प्राचीन कला को ही नहीं वरन् थोड़े ही समय पहले की समकालीन कहलानेवाली कला को भी होती है। क्योंकि यह कला भी जिन विषयों को लेती है और जिन रूपों को प्रस्तुत करती है वे स्पष्ट प्रतीत होते हुए भी एकदम स्पष्ट नहीं होते। इसी तरह, कभी-कभी कुछ समय पहले की ही लिखी एक छोटी कविता, या, किसी अन्य कलाकृति का सौन्दर्य लोग अलुभव कर सकें इसके लिए पर्याप्त श्रम करना पड़ता है। पूर्वग्रह, आदत, भुलक्कड़पन अवरोध बन कर कलाकृति तक पहुँचने में बाधा डालते हैं। उसी अवरोध को हटाने के लिए एक दक्ष व्याख्याकर और टीकाकार की आवश्यकता होती है। इस अर्थ में समीक्षा सचमुच बहुत उपयोगी है। किन्तु, इसे समीक्षा कहने की क्या आवश्यकता है जब कि इसका व्याख्या, टीका या भाष्य आदि के रूप में पहले ही नामकरण हो चुका है। अच्छा हो कि इसे हम समीक्षा न ही कहें क्योंकि इससे निश्चित ही व्यर्थ की ग़लतफ़हमी पैदा होती है। ग़लतफ़हमी कहना इस लिए उचित है क्योंकि समीक्षा इससे कुछ और ही प्रतीत होती है, होने की इच्छा रखती है और वास्तव में है। इसका प्रयोजन कला में हस्तक्षेप करना नहीं होता, न ही सुन्दर वस्तु का सौन्दर्य खोज निकालना, या, असुन्दर की कुरूपता ढँढ़ना और न कला के सामने स्वयं को गौण बना कर प्रस्तुत करना। इन सबके विपरीत इसका उद्देश्य है महान् कला के सामने स्वयं को महान् तथा कुछ अर्थों में श्रेष्ठकर* दर्शाना। तब सच्ची समीक्षा का उचित रूप क्या है?

पहली बात तो यह कि ऊपर जिन तीन रूपों को मैं दर्शा आया हूँ समीक्षा में ये तीनों साथ होते हैं: अर्थात्, ये तीनों रूप इसके आवश्यक घटक हैं जिनके बिना इसका अस्तित्व ही सम्भव नहीं है। कला-रचना के क्षणों के बिना (हम यह देख आये हैं कि जो समीक्षा स्वयं रचनात्मक होने, या रचना में सहायक होने, या किन्हीं रूपों को उभारने और किन्हीं रूपों को दबाने की प्रतिज्ञा लेकर चलती है वह भी एक अर्थ में कला के विरुद्ध कला, प्रतिकला, ही है) समीक्षा के पास वह सामग्री ही नहीं होगी जिस पर वह अपने आपको कस सके (अर्थात्, समीक्षा को क्रियाशील होने के लिए

* समीक्षक और कवि दोनों के लिए वह क्षण अभिमान का होता है जब वे आर्कमिडीज़ के शब्दों में "पा लिया" पुकार उठते हैं। कवि को वह क्षेत्र मिल जाता है जहाँ, उस क्षण के बाद से, उसकी प्रतिभा अपना जीवन जी सकती है और विस्तार पा सकती है; समीक्षक को उस प्रतिभा का आधार और विधान मिल जाता है। —सैंत-बव, पौर्त्रे लितेरेर, I, 31

कोई आधार चाहिए)। बिना रुचि (निर्णायक समीक्षा) के समीक्षा के पास कला का अनुभव नहीं हो सकता। कलानुभव से तात्पर्य है चेतना में कला-रचना की घटना का सम्पन्न होना; कलाकार इन क्षणों में अ-कला से दूर रहते हुए, उसका प्रतिरोध करते हुए, कला-घटना का रस ग्रहण करता है। अन्त में, यह अनुभव बिना भाष्य के सम्भव नहीं होगा। यह भाष्य उस पुनः रचना करनेवाली कल्पना के मार्ग से अवरोधों को हटाता है जो चेतना के लिए आवश्यक, कल्पना की आग को जलाये रखने के लिए ईंधन का कार्य करनेवाली, ऐतिहासिक ज्ञान आधारित पूर्वकल्पनाएँ प्रदान करती है।

यहाँ आगे बढ़ने से पहले एक और शंका का समाधान कर लेना उचित होगा। यह बात दार्शनिक साहित्य और सामान्य चिन्तन में पहले भी उठायी जाती रही है तथा आज भी उठायी जाती है, पर, यदि यह सचमुच न्यायसंगत होती तो न केवल समीक्षा की सम्भावनाओं को, जिनकी हम चर्चा कर रहे हैं, बल्कि स्वयं पुनः रचना करनेवाली कल्पना या अभिरुचि को भी प्रभावित करती। शंका है: दूसरों की कलाकृतियों की पुनः रचना के लिए आवश्यक सामग्री एकत्र करना, जो भाष्य का काम है (या अपनी ही पुरानी कलाकृतियों के बारे में भी, जब हम यह याद करने लगते हैं या कड़ियों को जोड़ने बैठते हैं कि कृति की निर्मित के समय हम क्या थे), अपनी कल्पना में कृति विशेष की मूल विशेषताओं की पुनः रचना करना क्या सचमुच सम्भव है? क्या आवश्यक सामग्री एकत्र करने का काम कभी पूरा हो पाता है? और एकत्रित सामग्री अपने आप में चाहे जितनी पूर्ण हो क्या कल्पना पुनः रचना के कार्य में उस सामग्री तक ही सीमित रहते हुए उससे बाँधे जाने की अनुमति देगी? क्या वह नयी कल्पना बन कर उसमें कुछ नये तत्त्व नहीं जोड़ देगी? अन्य कलाकृतियों तथा गत युग के यथार्थ की पुनः रचना में असमर्थ होने के कारण क्या वह ऐसा करने के लिए बाध्य नहीं होगी? प्रत्येक चिन्तनधारा यह सिखलाती है कि केवल सार्वजनीन की ही बार-बारः रचना सम्भव है तो क्या एकल व्यष्टि के पुनरुत्पादन की बात भी सोची जा सकती है? दूसरों की कलाकृतियों या गत युग के पुनर्निमाण की बात क्या इसी आधार पर एक असंभव प्रयास नहीं होगा? और सामान्य चर्चा में हम जिसे असंदिग्ध तथ्य के रूप में स्वीकार कर लेते हैं और जो पूर्वगृहीत सिद्धान्त के रूप में कला के प्रत्येक विवाद में प्रत्यक्षतः या परोक्षतः सर्वस्वीकृत है क्या इसकी सम्भावना नहीं है (जैसा कि इतिहास के बारे में सामान्यतः कहा जाता था) कि वह एक सर्वस्वीकृत कल्पित कथा मात्र हो?

समस्या पर बाहर से विचार करने पर यह असंभव प्रतीत होता है कि इतने सारे लोग यदि कला को समझने और आत्मसात् करने का विश्वास रखते हैं तो उसका कोई आधार न हो, विशेषतः इस कारण से भी क्योंकि हम देखते हैं कि जो लोग

सिद्धान्ततः पुनरुत्पादन की सम्भावना—या, जिसे वे अभिरुचि की स्वयंपूर्णता, अन्य निरपेक्षता, कहते हैं—को नकारते हैं वे ही अपनी अभिरुचित के निर्णयों से अधिक दृढ़तापूर्वक चिपके रहते हैं और साथ ही इस अन्तर को भी बड़ी स्पष्टता से समझते हैं कि शरीर की अनुकूलता या प्रतिकूलता के आधार पर शराब को अच्छा या बुरा कहना एक बात है और एक कविता को अच्छा या बुरा कहना बिल्कुल दूसरी बात है। दूसरे प्रकार के निर्णयों में (जिसका कांट ने बहुत अच्छे ढंग से विश्लेषण किया है) उनकी सार्वभौम मान्यता की अडिग घोषण भी निहित होती है। लोग इस बात को लेकर बहुत भावावेश में आ जाते हैं। सांमतीकाल में 'जेरूसेलेम' के सौन्दर्य पर लोग तलवार सूत कर मरने-मारने को तैयार रहते थे जब कि शराब की अच्छाई बुराई को ले कर लोग लड़ कर मरे हों ऐसा कभी नहीं सुना। घटिया कलाकृतियाँ भी थोड़े-बहुत लोगों को, या कम से कम रचयिता को तो आनन्द देती ही हैं, इस तथ्य पर यदि कोई आपत्ति उठाये तो यह उचित नहीं है क्योंकि उनकी आनन्ददायकता पर शंका नहीं की जा सकती (इसका कारण है कि आत्मा में कुछ भी बिना उसकी स्वीकृति के जन्म नहीं ले सकता और उसकी स्वीकृति से जब कोई चीज आती है तो सुख दिये बिना रह नहीं सकती)। किन्तु प्रश्न है कि क्या यह सुख कलात्मक है और क्या इसका आधार अभिरुचि द्वारा दिया गया निर्णय और सौंदर्य है? पुनः रचना पर बाहर से संन्देह व्यक्त करने के बाद जब उसकी अन्तः रचना पर विचार किया जाता है तो आपत्ति इस आधार पर उठायी जा सकती है कि यह वास्तविकता अणुओं का समूह मात्र है, अर्थात, इसकी रचना जिन इकाइयों द्वारा होती है उनमें बाहरी संगति तो दिखायी पड़ती है पर भीतर से उनमें कोई संवाद (सम्बन्ध) नहीं होता। किन्तु यह यथार्थता है ही नहीं : यथार्थता है चेतना की एकता और चेतना की एकता में कुछ भी नहीं खोता, प्रत्येक वस्तु शाश्वत रूप में ज्यों की त्यों बनी रहती है। कला की पुनः निर्मिति की तो बात ही क्या सामान्यतः किसी तथ्य की स्मृति भी (जो निस्संदेह सदैव ही अन्तर्बोध का पुनरुत्पादन है) बिना इस एकता की यथार्थता के असम्भव होगी। यदि हम स्वयं ही सीज़र और पोंपी न होते—अर्थात्, वह सार्वजनीन तत्त्व जो पहले सीज़र और पोंपी की संज्ञा से अभिहित किया गया था और अब जो हमारे रूप में विद्यमान है जैसे कि वे हममें जी रहे हों—तो हम सीज़र और पोंपी की कोई अवधारणा ही नहीं बना पाते। दूसरे, यह सिद्धान्त कि व्यक्ति वैशिष्ट्य (इंडिविजुऐलिटी) पुनः उत्पादनीय नहीं है केवल सार्वजनीन वैशिष्ट्य (यूनिवर्सल) ही पुनः उत्पादनीय है निश्चित ही ठोस दर्शन का सिद्धान्त है किन्तु यह दर्शन टीकावादियों का है जिन्होंने व्यष्टि को समष्टि का विच्छिन्न अंश (समय द्वारा उड़ा दिये गये धूलि कण) मान कर दोनों को अलग कर दिया। वे यह नहीं जान पाये कि समष्टि का वास्तविक रूप व्यष्टि में ही व्यक्त होता है, वास्तविक कथ्य वही है

जो मूर्त और व्यष्टि में अकथ्य है। और अन्त में, यदि कलाकृतियों अथवा गत युग की किसी कृति के ज्यों की त्यों पुनः उत्पादन के लिए आवश्यक सामग्री हमेशा ही हमारे पास न हो तो इससे क्या अन्तर पड़ता है? किसी भी वस्तु की परिपूर्ण प्रतिकृति भी अन्य मानवीय आदर्शों की भाँति एक आदर्श है जिसकी सिद्धि अनंतता में ही होती है और यह किस समय किस ढंग से होगी यह उस क्षण विशेष में उसकी यथार्थता के अनुरूप होने की क्षमता पर निर्भर करता है। क्या किसी कविता में अर्थ का कोई ऐसा पक्ष नहीं होता जिसका पूर्ण अभिप्राय हमसे छूट जाता हो? फिर भी कोई इसे स्वीकार करने को तैयार नहीं होगा कि आज हमारी दृष्टि में जो धुँधला सा दिखायी दे रहा है और जिससे हम सन्तुष्ट नहीं हैं वही कल खोज-बीन तथा सोच-विचार के बाद अनुकूल परिस्थितयों तथा सहानुभूतिपूर्ण प्रवृत्तियों के बीच और अच्छी तरह से स्पष्ट नहीं होगा।

इसलिए, अपनी चर्चा की वैधता के बारे में अभिरुचि यदि उतनी ही आश्वस्त है जितनी ऐतिहासिक खोज और व्याख्या गत युग के ज्ञान की पुनः स्थापना एवं सुरक्षा तथा उसे व्यापकात प्रदान करने के बारे में होती है तो अभिरुचि तथा इतिहास के क्षेत्र में सापेक्षतावादी तथा संदेहवादी समय-समय पर चाहे जितना चीखें-चिल्लायें तो भी ऐसी निराशाजनक स्थिति सचमुच कभी नहीं आ सकती कि कोई, यहाँ तक कि वे स्वयं भी (यह हम-देख आये हैं), निर्णय देना ही बन्द कर दें।

उपर्युक्त विषय को हम यहीं समाप्त करते हैं और फिर से कला, ऐतिहासिक भाष्य और अभिरुचि इन विषयों पर आते हैं। समीक्षा को इनकी अपेक्षा हो सकती है पर वे स्वयं समीक्षा नहीं है। यह सच है कि उस तिहरी पूर्वकल्पना से बिम्ब, अभिव्यक्ति, की पुनः रचना और उसके रस-ग्रहण के अतिरिक्त कुछ प्राप्त नहीं होता, अर्थात् लौट कर हम स्वयं को उसी स्थान पर प्रतिष्ठित कर देते हैं जहाँ कलाकार-उत्पादक बिम्बों को अभिव्यक्ति देते समय पहुँचा होता है, बस न उससे अधिक न उससे कम। तब हम उस नियति से भी नहीं बच सकते, यद्यपि कुछ इसका दावा भी करते हैं, जिसमें हम कवि और कलाकार की रचना के तुल्य एक अन्य कृति की इच्छा से स्वयं को एक नये रूप में प्रतिष्ठित करते हैं। इसी लिए, समीक्षक की परिभाषा यों दी जाती हैः 'अर्तिफेक्स ऐदितस आर्तिफिसि' क्योंकि नये आवरण में वह पुनः उत्पादित वस्तुतः, प्रथम रचना से प्रेरित उसी का अनुवाद या रूपांतरण, एक और कलाकृति होती है। यदि वह वही की वही शुद्ध और सरल पुनः रचना, भौतिक पुनः रचना, जिसमें वे ही शब्द, रंग या वर्ण-छटा का प्रयोग हुआ हो तो वह व्यर्थ है। समीक्षक 'आर्तिफेक्स ऐदितस आर्तिफिसि' नहीं है वरन् 'फिलॉसोफस ऐदितस आर्तिफिसि' है। उसका लक्ष्य तब तक सिद्ध नहीं होता जब तक कि वह गृहीत प्रतिमा को सुरक्षित रखते हुए उसका अतिक्रमण नहीं कर लेता। उसका क्षेत्र

चिन्तन का है जो कल्पना का अतिक्रमण कर उसे नये प्रकाश से आलोकित करता है, अन्तर्बोध को प्रत्यक्षज्ञान में परिणत करता है, यथार्थता को परिभाषित करता है और इस तरह यथार्थ को मिथ्या से अलग करता है। इस प्रत्यक्ष ज्ञान में यह विभेद, जो सदैव पूर्ण समीक्षा या निर्णय होने के कारण कला-समीक्षा ही है (जिस पर अब हम विशेष रूप से विचार करेंगे), एक प्रश्न के साथ उभरता है। प्रश्न है: जो तथ्य समस्या के रूप में हमारे सामने उपस्थित है क्या वह सचमुच अन्तर्बोध की यथार्थता लिये हुए है? यदि है तो किस सीमा तक? इसीं तरह यदि वह अन्तर्बोध नहीं है, अर्थात् मिथ्या है, तो किस सीमा तक? यथार्थ और मिथ्या कला में सुंदर और असुन्दर, तर्कशास्त्र में सत्य और भ्रम, अर्थशास्त्र में लाभ और हानि तथा नीतिशास्त्र में अच्छा और बुरा कहलाते हैं। इस तरह सम्पूर्ण कला-समीक्षा इस संक्षिप्ततम प्रस्थापना में समेटी जा सकती है: "अमुक एक कलाकृति है", इस विधानार्थक वाक्य का तदनुरूपी निषेधार्थक वाक्य होगा, "अमुक एक कलाकृति नहीं है।" यह प्रस्थापना कला और अभिरुचि तथा भाष्य की विद्वत्ता (जिसमें तार्किक संश्लेषण का अभाव होता है और इसलिए तार्किक दृष्टि से यह भी मौन होता है) से समीक्षा का भेद स्थापित करने में भी यह सहायक होती है।

यह सब कुछ असंगत प्रतीत होता है किन्तु कला की अन्तर्बोधवाली परिभाषा भी तो कम असंगत नहीं प्रतीत होती और यह देखा जा चुका है कि इसमें अनेक विधि-निषेधों के साथ और भी बहुत कुछ निहित है: इतना कुछ कि इस सीमित विचेन में मैं उस सब कुछ का अत्यन्त संक्षिप्त उल्लेख ही कर पाया हूँ और इतना ही कर भी पाऊँगा। कला-सीमक्षा की इस प्रस्थापना या निर्णयात्मक वाक्य में कि "अमुक कलाकृति है" सबसे पहले तो यह अर्थ निहित है कि किसी भी निर्णय की भाँति इसका भी एक उद्देश्य (सब्जेक्ट) है; यह उद्देश्य है—अमुक कलाकृति का अन्तर्बोध, जिसकी सिद्धि के लिए, अभिरुचि के विभेदक गुण सहित, भाष्य और कल्पनामयी पुनः रचना के श्रम की आवश्यकता है। हम देख आये हैं कि यह कार्य कितना दुरूह और जटिल है। कल्पना के अभाव तथा स्वल्प एवं सतही संस्कृति के कारण कितने ही लोग भटक जाते हैं। इसके बाद किसी भी अन्य निर्णय की भाँति इसमें दूसरा निहितार्थ है कि इसका एक विधेय (प्रेडिकेट), वर्ग, भी है। इस सन्दर्भ में यह वर्ग कला है। विधेय की कल्पना निर्णय में ही सन्निहित होने के कारण वह कला की अवधारणा बन जाता है। और कला की अवधारणा के सन्दर्भ में हम यह भी देख आये हैं कि इसमें कितनी कठिनाइयाँ एवं जटिलताएँ पैदा हो जाती हैं और यह भी कि इस नित चंचल सम्पत्ति के विरुद्ध लगातार प्रहार और षड्यन्त्र होते रहते हैं और उनसे इसे सदैव बचाते रहना पड़ता है। इसलिए, कलादर्शन के विकास, ह्रास और फिर से उभरने के साथ-साथ कला-समीक्षा का भी विकास और वृद्धि, ह्रास और

पुनरुत्थान होता रहता है। 19वीं शताब्दी के प्रथमार्ध में हर्डर, हीगेल और स्वच्छंदतावादियों तथा इटली में द सांक्तिस के साथ-साथ कला-समीक्षा का क्या रूप हो गया यह जानने के लिए कोई भी इसके मध्ययुगीन (जब इसका अस्तित्व नहीं के बराबर था) रूप की पृष्ठभूमि में रख कर तुलना कर सकता है। और सीमित क्षेत्र में द सांक्तिस की समीक्षा और ठीक उसके बाद आये प्रकृतिवादी (नैचुरलिज़्म) युग के समीक्षा-रूपों की तुलना की जा सकती है। प्रकृतिवादी युग में कला की अवधारणा अस्पष्ट होते होते अन्त में भौतिकशास्त्र, शरीर-रचनाशास्त्र, यहाँ तक कि रोग-निदानशास्त्र में घुलमिल गयी। और, यदि निर्णयों में मत-भेद के आधे या आधे से कम का कारण इस स्पष्टता का अभाव है कि कलाकार ने क्या किया है तो आधे या आधे से अधिक का कारण सहानुभूति और अभिरुचित का अभाव होता है। यह स्थिति कला सम्बन्धी विचारों में अत्यल्प स्पष्टता के कारण पैदा होती है। परिणाम यह होता है कि दो व्यक्तियों में कला के मूल्य को लेकर तो पर्याप्त मतैक्य होता है किन्तु अन्य बातों में कला की विभिन्न परिभाषाओं को स्वीकारने के कारण एक जिसका समर्थन करता है दूसरा उसी पर दोषारोपण करता है।

समीक्षा के कला की अवधारणा पर निर्भर होने के कारण कला सम्बन्धी जितने मिथ्या दार्शनिक मत प्रचलित हैं उतने ही मिथ्या समीक्षा के रूप भी हैं। अब तक हम जिन प्रमुख रूपों की चर्चा कर आये हैं उन्हीं तक सीमित रहते हुए हम कहेंगे कि समीक्षा का एक रूप ऐसा भी है जो कला की पुनः रचना करने और उसकी विशेषता दर्शाने के बजाय उसके टुकड़े-टुकड़े करके वर्गीकरण करता है। दूसरा रूप नैतिकतावादी समीक्षा का है जो कला को प्रयोजनमूलक कार्यों के जैसा ही मानती है। इसके अनुसार कला का मूल्य उस प्रयोजन से निश्चित होता है जिसे कलाकार अपने सामने रखता है या जिसे सामने रखा जाना चाहिए। जैसे, सुखवादी समीक्षा यह देखती है कि कला कितना सुख और मनोरंजन दे पायी है और कितना नहीं दे पायी है। समीक्षा का बुद्धिवादी रूप कला की प्रगति इससे मापता है कि दर्शन में उसने कितनी प्रगति की है। यह दर्शन तो जानती है पर दाँते के भावावेग को नहीं; आरियोस्तो को इसलिए दुर्बल घोषित करती है क्योंकि उसमें दर्शन शिथिल है, तास्सो इसलिए गम्भीर है क्योंकि उसका दर्शन गम्भीर है और ल्योपार्दी अपने निराशावाद में स्वतोविरोधी है। सामान्यतः मनोवैज्ञानिक कहलानेवाली समीक्षा ऐसी है जो कलाकृतियों पर ध्यान देने के बजाय वस्तु और रूप में भेद करती हुई कलाकार के मनोविज्ञान पर ध्यान देती है। एक अन्य प्रकार की समीक्षा वस्तु और रूप में भेद करती है किन्तु अमूर्त रूपों में ही मग्न रहती है क्योंकि कृति और व्यक्ति के भेद से ये रूप प्राचीन युग अथवा मध्य युग की याद दिलाते हैं। इसका एक रूप ऐसा भी है जो काव्यालंकारों में ही सौन्दर्य देखता है। और अन्त में, समीक्षा का ऐसा रूप

भी है जो कलाओं और उनके भेदों के नियम निर्धारित करने के बाद कलाकृतियों को इस आधार पर स्वीकार या अस्वीकार करता है कि वे उन प्रतिमानों के, जो उन्होंने बना रखे हैं, कितने निकट या दूर हैं। मैंने समीक्षा के सभी भेद नहीं गिनाये हैं, मेरा ऐसा इरादा भी नहीं था, न मैं समीक्षा की समीक्षा प्रस्तुत करना चाहता हूँ जो अभी-अभी व्याख्यायित समीक्षा और सौन्दर्यशास्त्र के तार्किक पक्ष की पुनरुक्ति के सिवाय और कुछ नहीं हो सकती। और, इधर-उधर थोड़ी-बहुत, एक प्रकार से अनिवार्य, पुनरुक्ति का आभास पाठकों को होने लग ही गया होगा। अब यह अधिक उचित होगा कि समीक्षा के इतिहास को संक्षेप में (स्थान की सीमा को देखते हुए अत्यन्त संक्षेप में) प्रस्तुत किया जाय, जिन ऐतिहासिक नामों का मैंने उल्लेख किया है उनका सही स्थान निर्देशित किया जाय और दर्शाया जाय कि कैसे इतालवी और फ्रांसिसी आभिजात्य (क्लासिकल) युग में प्रतिमानों की समीक्षा ही सर्वोपरि रही, 19वीं शताब्दी में जर्मनी के दर्शन में अवधारणावादी समीक्षा प्रधान रही, धार्मिक सुधार के युग में और इतालवी राष्ट्रीय जागरणकाल में नैतिकतावादी दर्शन का प्राबल्य रहा और फ्रांस में सैंत-बव और अन्य अनेक विचारकों के समय मनोविज्ञान पर बल दिया गया और कैसे सुखवादी समीक्षा समाज में और ड्राईंग-रूम तथा पत्रकारितावादी समीक्षकों के बीच अधिकाधिक प्रचारित हुई और पाठशालाओं में, जहाँ तथाकथित छंद, शिल्प-विधि (टैक्नीक), विषय, साहित्यिक और कलात्मक विधाओं और इन जैसी ही और बहुत सी बातों की खोज के कारण यह माना जाता है कि समीक्षा ने अपना धर्म सफलतापूर्वक निबाहा, समीक्षा का वर्ग-विभाजनवाला रूप कैसे सर्वाधिक लोकप्रिय हुआ।

अभी मैं जिन रूपों का संक्षेप में उल्लेख कर आया हूँ उनमें भले ही त्रुटियाँ हों फिर भी वे हैं समीक्षा के ही रूप। उधर 'सौंदर्यशास्त्रीय समीक्षा' और 'ऐतिहासिक समीक्षा' के नाम से अपना-अपना झंडा ऊँचा करनेवाले और आपस में ही झगड़नेवाले अन्य रूपों के बारे में यही बात, सच पूछो तो, नहीं कही जा सकती। उनको मैं ये नाम (जो उन पर सटीक बैठते हैं) देना चाहता हूँ–"सौंदर्यशास्त्रीय समीक्षाभास" (या सौन्दर्यवादी) और "ऐतिहासिक समीक्षाभास" (या इतिहासवादी) ये दोनों रूप यद्यपि परस्पर विरोधी हैं किन्तु दर्शन से और विशेषतः कला की अवधारणा से घृणा करने में दोनों एकमत हैं। वे नहीं चाहते कि कला की समीक्षा में विचार-तत्त्व का किसी प्रकार से हस्तक्षेप हो। प्रथम वर्ग के अनुसार यह केवल कलाभावयुक्त आत्माओं की वस्तु है और दूसरे वर्ग के अनुसार केवल पंडितों की वस्तु है। दूसरे शब्दों में, दोनों ही समीक्षा को उसके अपने स्तर से नीचे उतार लाते हैं। पहला वर्ग इसे कला के उपभोग और आस्वावाद तक ही सीमित कर देता है और दूसरा वर्ग इसे कल्पना द्वारा पुनरुत्पादन के लिए आवश्यक सामग्री की तैयारी या भाष्य सम्बन्धी

खोज के रूप में देखता है। सौन्दर्यशास्त्र में कला सम्बन्धी अवधारणा और विचार-तत्त्व दोनों ध्वनित हैं, अतः, अवधारणारहित शुद्ध स्वाद से इसका क्या सम्बन्ध हो सकता है कहना मुश्किल है। और इससे भी मुश्किल है यह कहना कि इतिहास का कला सम्बन्धी ऐसे पांडित्य से क्या सम्बन्ध हो सकता है जिसमें एकसूत्रता न हो, जो इतिहास के रूप में व्यवस्थित न हो सकता हो क्योंकि उसके पास कला की अवधारणा ही नहीं है। वह तो इसी बात से अनभिज्ञ है कि कला क्या है (और इतिहास हमसे अपेक्षा रखता है कि हम जिसका इतिहास कहें उसकी जानकारी रखें)। अधिक से अधिक हम इन दो शब्दों की विचित्र "अन्तिम परिणति" के कारणों पर विचार कर सकते हैं। किन्तु, इन दोनों नामों के बने रहने या समीक्षाधर्म से विरत रहने में कोई हानि नहीं है बशर्ते दोनों नामों का झंडा उठानेवाले स्वयं निर्धारित सीमा के भीतर ही रहें, अर्थात्, कला का उपभोग करते रहें या भाष्य के लिए सामग्री एकत्र करते रहे। वे समीक्षा उसके लिए छोड़ दें जो समीक्षा करना चाहता है, या, फिर समीक्षा सम्बन्धी समस्याओं को बिना छुए केवल उसकी बुराई करने तक ही सीमित रहें, उसी में सन्तुष्ट रहें। आत्मसंयम की इस सीमा तक पहुँचने के लिए यह आवश्यक है कि सौन्दर्यानुरागी चुपचाप मन ही मन कला का आनन्द लेते हरें, हर्षोन्माद में आ कर मुँह न खोलें, या, अधिक से अधिक जब वे अपने जैसे ही व्यक्तियों से मिलें तो पशुओं की तरह मौन भाषा में ही एक दूसरे को समझ लें: उनके मुख अनजाने ही आनन्दोन्माद का भाव लिये हुए हों, आश्चर्य के भाव से बाँहें फैली हुई हों, आनन्दानुभूति के लिए आभार प्रदर्शन की मुद्रा में हाथ जुड़े हुए हों, आदि से ही सब काम हो जाना चाहिए। इतिहासवादी अपनी ओर से पांडुलिपियों, संशोधनों, काल-क्रम और देश-क्रम के अनुसार आँकड़ों, जीवन की घटनाओं, कृतियों के स्रोतों, भाषा, वाक्य-विन्यास और छंद-विधान की चर्चा भले करें पर कला के बारे में कुछ न कहें। जैसे एक दासी अपनी स्वामिनी के कपड़े धोती है, उसके लिए खाना बनाती है पर उसके सामने आँख नहीं उठाती बस उसी तरह से इतिहासवादी भी उपर्युक्त ढंग से कला की सेवा अवश्य करते रहें किन्तु केवल पंडित होने के कारण उसकी ओर आँख उठा कर न देखें। हम उन लोगों से कला की चर्चा करें जो व्रती हैं, बलिदानी हैं, वीर हैं, हाँ विचारों में वे भले ही संयमी न हों और इस संयमहीनता को ले कर हठधर्मी भी हों; विशेषतः उन लोगों के पास जायँ जो किसी न किसी कारणवश जीवन भर कला की साधना में लगे रहे हैं, उस पर न कभी चर्चा की न उस पर कभी निर्णय दिया। दूसरी ओर, मौनी सौन्दर्यवादी कला की चर्चा करते हैं, उस पर निर्णय देते हैं, उस पर विवाद करते हैं, तथा, अनिर्णयी इतिहासवादी भी वही करते हैं। और चूँकि ऐसा करते समय मार्गदर्शन के लिए उनके पास न दर्शन होता है, न कला की अवधारणा, क्योंकि वे इन दोनों से घृणा करते हैं, परिणाम यह होता

है कि जब सुबुद्धि उन्हें मार्ग नहीं दर्शाती तो वे अनजाने ही सभी पूर्वग्रहों—नैतिकतावादी, सुखवादी, शरीर-रचनावादी, बुद्धिवादी, विषय-वस्तुवादी, रूपवादी, अलंकारवादी, शास्त्रवादी जिनकी मैं चर्चा कर आया हूँ--के बीच भटकते हैं, कभी एक को पकड़ा कभी दूसरे को और सबका एक-दूसरे में घालमेल करते रहते हैं। और, सर्वाधिक विचित्र बात यह (यद्यपि दार्शनिक इसे पहले ही जान लेता है) कि ये सौंदर्यवादी और इतिहासवादी—कभी मेल न खानेवाले ये प्रतिद्वन्द्वी—यद्यपि विरोधी छोरों से शुरू करते हैं फिर भी एक-दूसरे के इतने निकट आ जाते हैं कि निष्कर्ष में एक ही मूर्खतापूर्ण बात कहते हैं। इन गहन कला-प्रेमियों (इतने गहन प्रेमी कि चिन्तन के लिए इनके पास घृणा के अतिरिक्त कुछ होता ही नहीं) द्वारा लिखित पृष्ठों में बार-बार वे ही सड़े हुए बुद्धिवादी और नैतिकतावादी विचारों को पढ़ कर केवल मनोरंजन ही होता है। इसी तरह, प्रमाण में विश्वास करनेवाले इतिहासवादी जो अपने विचारों में इतने दृढ़ हैं कि अपनी खोज के विषय (प्रस्तुत सन्दर्भ में कला) को इस डर से समझना भी नहीं चाहते कि कहीं इसके बाद समझौता न करना पड़ जाय।

कला की सच्ची समीक्षा निश्चित ही सौन्दर्यशास्त्रीय समीक्षा है किन्तु इसलिए नहीं कि छद्म सौन्दर्यशास्त्री की तरह इसे दर्शन से घृणा है वरन् इसलिए कि यह दर्शन की भूमिका में कला की अवधारणा के रूप में कार्य करती है। यह ऐतिहासिक समीक्षा भी है, इसलिए नहीं कि इतिहासाभास की तरह यह कला के बाह्य तत्त्वों पर विचार करती है वरन् इसलिए कि काल्पनिक पुनः रचना के लिए इतिहास के आँकड़ों का पूरा उपयोग करने के बाद (ध्यान रहे उस समय तक यह स्वयं इतिहास नहीं है) जब कल्पना में कलाकृति की पुनः रचना कर लेती है, ऐसी पुनः निर्मित वस्तु तथ्य रूप में क्या है यह निश्चित कर लेती है, अवधारणा के द्वारा उस तथ्य का गुण-दोष विवेचन कर लेती है, ओर इस घटित तथ्य को पूरी तरह प्रतिष्ठित कर लेती है, तो यह स्वयं इतिहास बन जाती है। इस तरह समीक्षा की तुलना में निम्न स्तर पर स्थित दो विरोधी वस्तुएँ आलोचना में एकमेल हो जाती हैं। "कला की ऐतिहासिक समीक्षा" और "सौंदर्यशास्त्रीय समीक्षा" दोनों एक ही हैं, इनमें से किसका प्रयोग किया जा रहा है यह जानना कई महत्त्व नहीं रखता, दोनों में से किसी एक का विशेष प्रयोग केवल सुविधा पर निर्भर करेगा। जैसे, कला को समझने की आवश्यकता पर बल देने के लिए प्रथम प्रयोग को चुन सकते हैं और विषय की ऐतिहासिक वस्तुनिष्ठता को रेखांकित करते समय द्वितीय प्रयोग अधिक सटीक होगा। इससे किन्ही विशिष्ट कार्यपद्धतियों में उठायी गयी इस समस्या का भी समाधान हो जाता है कि समीक्षा में इतिहास साधन बन कर आता है या साध्य, क्योंकि अब यह बात स्पष्ट हो गयी है कि हम जिस इतिहास को उपयोग में लाने की बात करते हैं वह चूँकि साधन रूप भाष्य की सामग्री मात्र है, इसलिए इतिहास

है ही नहीं। और साध्य रूप में जिसका मूल्य है वह निश्चित ही इतिहास है, यह समीक्षा में अंगभूत घटक बन कर नहीं आता वरन् अंगी बन कर उसकी समग्रता में व्याप्त है जो निश्चित ही उसके साध्य होने की पुष्टि करता है।

किन्तु, यदि कला की समीक्षा ऐतिहासिक समीक्षा है तो इसका अर्थ हुआ कि सुन्दर और असुन्दर में भेद करने के उसके उत्तरदायित्व को सृजन के समय कलाकार की चेतना में तथा कृति का भावन करते समय रसिक की चेतना में सुन्दर और असुन्दर में भेद करके उसे स्वीकारने या नकारने जैसी सरल क्रियाओं तक सीमित नहीं रखा जा सकता। इसे स्वयं को व्यापक बना कर व्याख्या के स्तर तक उठाना होगा। और, चूँकि इतिहास की दुनिया (जो सच पूछो तो एकमात्र दुनिया है) में निषेधात्मक और नकारात्मक तथ्यों का अस्तित्व नहीं है इसलिए अभिरुचि की कसौटी पर कलात्मकता के अभाव में जो भद्दा और गर्हित प्रतीत होता है वह भी ऐतिहासिक दृष्टि से न भद्दा होगा न गर्हित, क्योंकि यह दृष्टि जानती है जो कलात्मक नहीं है वह भी कुछ तो है और वह सचमुच जो कुछ है उसी रूप में अस्तित्व में बने रहने का उसे अधिकार है। तास्सो ने अपने 'जेरूसेलेम' के लिए ईसाई धर्म से सम्बन्धित जो रूपक रचा वह कलात्मक नहीं है, इसी तरह निक्कोलिनि और गेरात्सी द्वारा प्रस्तुत देशभक्तिपूर्ण वाग्वैदग्ध्य (डिक्लेमेशन) तथा पेत्रार्क द्वारा अपनी कविता में निविष्ट रहस्यमयी एवं दूरारूढ़ उद्भावनाएँ भी कलात्मक नहीं हैं। किन्तु, तास्सो का रूपक लातीनी देशों में ईसाई धर्म में प्रति-सुधार (काउंटर-रिफ़ॉर्म) की प्रवृत्ति की अभिव्यक्ति है; निक्कोलिनि और गेरात्सी का वाग्वैदग्ध्य इटलीवासियों की आत्मा में पादरी और अनाड़ी के प्रति विद्रोह की, अथवा, इस प्रकार की चेतना के समर्थन की अभिव्यक्ति है। इनके साथ ही पेत्रार्क की रहस्यमयी एवं दूरारूढ़ उद्भावनाएँ भी रख सकते हैं जो वस्तुतः परम्परागत लोक गायकों का काव्य सौन्दर्य ही है जिसे नयी इतालवी सभ्यता ने पुनः जीवित किया तथा अधिक समृद्ध भी किया। व्यवहार के धरातल पर घटित ये तथ्य इतिहास की दृष्टि से महत्त्वपूर्ण हैं और इनका सम्मान होना चाहिए। हम ऐतिहासिक आलोचना में अपनी बात को स्पष्ट करने के लिए और दूसरों के साथ तालमेल बैठाये रखने के लिए सुन्दर और असुन्दर की चर्चा करते रह सकते हैं बशर्ते सुन्दर और असुन्दर के भावात्मक तत्त्व (पॉज़िटिव कंटेंट) को एकदम से छोड़ न दें, और न ऐसा संकेत दें, न दूसरों द्वारा ऐसा समझे जाने की गुंजाइश रखें कि हमने इसे बहिष्कृत कर दिया है। असुन्दर का यदि पूर्णतया तिरस्कार करना है तो उसे समझना होगा, तिरस्कार का औचित्य सिद्ध करना होगा और तभी उसे कला के वास्तविक क्षेत्र से जड़-मूल से उखाड़-फेंका जा सकेगा।

इस कारण से कला की समीक्षा जब सचमुच सौन्दर्यशास्त्रीय या ऐतिहासिक होगी तो वह तत्काल और अधिक व्यापक हो कर जीवन की समीक्षा में परिणत हो

जायेगी क्योंकि कलाकृतियों की विशेषता बतलाना या उन पर कोई निर्णय देना तब तक सम्भव नहीं है जब तक कि समग्र जीवन के क्रिया-कलापों की विशेषता न जान ली जाय या उनके बारे में कोई धारणा न बना ली जाय। द सांक्तिस को लेकर यह देखा जा सकता है, और यह बात सभी सच्चे महान् समीक्षकों के बारे में कही जा सकती है, कि "इतालवी साहित्य का इतिहास" और "आलोचनात्मक निबंध "में वह वह कला की समीक्षा में जितना गहरा उतरा है उतनी ही गहरी पैठ उसकी दर्शन, आचारनीति और राजनीति में भी है। उसकी एक विषय में गंभीर गति दूसरे विषय के कारण है और दूसरे में पहले विषय के कारण। कला को शुद्ध सौन्दर्यशास्त्रीय दृष्टि से विवेचित करने की शक्ति उसे नैतिकता पर शुद्ध नैतिक दृष्टि से और दर्शन पर शुद्ध तार्किक दृष्टि से (और इसी तरह अन्य विषयों पर भी) विचार करने की शक्ति देती है। इसका कारण है कि चेतना के विभिन्न रूप जिन्हें समीक्षा गुण-दोष विवेचन के विभिन्न वर्गों के रूप में काम में लाती है, विश्लेषण के लिए अलग-अलग माने जा कर भी उस एक इकाई से और परस्पर भिन्न नहीं हैं। यदि, हठपूर्वक हम उन्हें देखना ही चाहें तो वे गायब हो जाते हैं। इसलिए हम कला की समीक्षा और अन्य समीक्षाओं में भेद नहीं कर सकते। जो भेद किया जाता है वह केवल व्यवहार में यह दर्शाने के लिए कि वक्ता अथवा लेखक का उद्देश्य उस एक ही अविभक्त विवेचन के इस या उस पक्ष की ओर संकेत करना है। समीक्षा और इतिहास का भेद भी अनुभव सिद्ध है (इसे स्पष्टता से समझाने के लिए ही मैं अब तक रुका हुआ था); इस भेद का आधार यह तथ्य है कि समसामयिक कला और साहित्य के अध्ययन में विवादी (पोलेमिकल) स्वर कुछ अधिक मुखर है जिस कारण से उसे तुरंत 'समीक्षा' कह दिया जाता है जब कि प्राचीन काल की कला और साहित्य के अध्ययन में वर्णनात्मकता का स्वर मुख्य होता है इसलिए उसे तत्काल 'इतिहास' की संज्ञा दे दी जाती है। वास्तविकता यह है कि सच्ची और सम्पूर्ण समीक्षा जो घट चुका है उसका गम्भीर ऐतिहासिक वर्णन है। और, 'मानवता ने क्या किया' इसकी सच्ची समीक्षा इतिहास है क्योंकि जो घट चुका है वह न-तथ्य (नॉन-फैक्ट) हो नहीं सकता और आत्मा द्वारा उस पर अधिरूढ़ होने का एक ही उपाय है—उसे समझना। साथ ही यह भी देखा जा चुका है कि कला-समीक्षा चूँकि दूसरी समीक्षा से भिन्न नहीं है, उसी तरह कला के इतिहास को मानव सभ्यता के समग्र इतिहास से उसमें केवल साहित्यिकता के पुट को रेखांकित करने की दृष्टि से ही अलग कहा जा सकता है और केवल उतने अंश तक जितने में वह अपने नियमों, अर्थात्, कला के नियमों का पालन करता दीखता है, किन्तु जहाँ तक ऐतिहासिकता की प्रेरणा का प्रश्न है वह उसे समग्र इतिहास से ही मिलती है जिसका सम्बन्ध समग्र चेतना से होता है न कि समग्र से विच्छिन्न किसी एक रूप से।

□□